WILLIAMS-SONOMA

entradas
la nueva cocina saludable

RECETAS
Georgeanne Brennan

EDITOR GENERAL
Chuck Williams

FOTOGRAFÍA
Dan Goldberg & Ben Dearnley

TRADUCCIÓN
Laura Cordera L.
Concepción O. De Jourdain

contenido

Hojas de consulta

Acerca de este libro

Los libros de la serie La Nueva Cocina Saludable nos ofrecen sencillas y apetitosas recetas para gozar de una dieta rica en frutas, verduras, legumbres y granos.

En nuestro mundo moderno tenemos la bendición de contar con abundantes alimentos, desde soberbios ingredientes crudos hasta los alimentos altamente procesados; pero es muy fácil quedarse atrapado en la rutina de alimentos o tomar decisiones poco saludables. Ya que el tipo de alimentos que comemos afecta directamente a nuestra salud en general y a nuestro nivel de energía, si incorporamos una amplia selección de productos frescos y granos enteros en nuestra dieta y cocinamos nuestros propios alimentos lograremos comer de una manera sana y adecuada.

Las recetas de este libro se han organizado en forma novedosa: por el color del vegetal o la fruta usada en el platillo. En las páginas que mostramos a continuación usted descubrirá la forma en que cada grupo de color ofrece diferentes beneficios para su salud en general. Pero a un nivel más básico, al tomar en cuenta el color de los alimentos usted podrá estar seguro que incluye todos los productos frescos que su dieta necesita. Si consume por lo menos una fruta o verdura de cada grupo de color con regularidad, como parte de una comida, botana o postre, usted estará en el camino correcto para lograr una dieta fresca y variada. Un capítulo de recetas mostrando granos y legumbres enteros complementa este libro de cocina, ofreciendo platillos atractivos en los cuales podrá gozar alimentos sumamente saludables.

La serie de La Nueva Cocina Saludable le ayudará a llevar color y creatividad a su cocina, haciendo fácil gozar de una amplia variedad de frutas y verduras frescas así como granos enteros en sus comidas diarias.

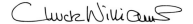

Comiendo los colores del arco iris

Las frutas y verduras de color morado y azul contienen fibra, vitaminas y fitoquímicos que ayudan a la salud del corazón; estimulan la función cerebral; disminuyen el riesgo de algunos tipos de cáncer; promueven la salud de las vías urinarias; y fortalecen al sistema inmunológico.

Las frutas y vegetales de color verde contienen fibra, vitaminas y fitoquímicos que disminuyen el riesgo del cáncer de pecho, próstata y pulmón entre otros; promueven la salud visual; ayudan a formar huesos y dientes fuertes; y fortalecen al sistema inmunológico.

Las frutas y verduras de color blanco y color sepia contienen fibra, vitaminas y fitoquímicos que promueven la salud cardiovascular; ayudan a mantener niveles saludables de colesterol; disminuyen el riesgo de cáncer de pecho y pulmón entre otros; y disminuyen la absorción del colesterol.

Las frutas y verduras de color rojo contienen fibra, vitaminas y fitoquímicos que promueven la salud cardiovascular; estimulan la función cerebral; disminuyen el riesgo de algunos tipos de cáncer; promueven la salud de las vías urinarias; y fortalecen el sistema inmunológico.

Las frutas y verduras de color amarillo y anaranjado contienen fibra, vitaminas y fitoquímicos que promueven la salud cardiovascular; estimulan la salud visual; disminuyen el riesgo de algunos tipos de cáncer; y fortalecen el sistema inmunológico.

Los granos enteros, legumbres, semillas y nueces de color café contienen fibra, vitaminas y fitoquímicos que disminuyen los niveles del colesterol en la sangre y reducen el riesgo de cáncer de colon entre otros, diabetes, enfermedades del corazón e infartos.

Adaptado del material educativo de la Fundación de Productos Agrícolas para una Mejor Salud

La nueva cocina saludable

El sencillo acto de comer se ha vuelto más complejo hoy en día debido a la abundancia de alimentos, especialmente las comidas preparadas que podemos encontrar además de un creciente número de dietas y teorías. Este libro de cocina se basa en el concepto de que la comida saludable es fresca, de temporada y, lo más importante, es buena comida: del tipo de comida que complace a los sentidos y hacen que el comer sea uno de los placeres más grandes de la vida..

Otras de las teorías filosóficas esenciales de La Nueva Cocina Saludable incluye elegir productos frescos de alta calidad, cocinándolos de tal forma que resalten sus propios sabores y que al servir los platillos y comidas resulten sencillos y agradables.

En años recientes hemos estado inundados con mensajes contrarios acerca de lo que es saludable y lo que no lo es. Los huevos fueron primero condenados y luego revindicados. Se nos dijo que cortáramos el consumo de grasas y posteriormente se

nos dijo que siguiéramos comiendo toda la carne que quisiéramos, siempre y cuando evitáramos los carbohidratos como el pan y la pasta.

Deje a un lado todas las controversias y los mensajes contradictorios y encontrará que una forma más razonable para comer que consiste en dejar de fijarse únicamente en los carbohidratos, gramos de grasa o calorías, o en atiborrarse con "buenos" alimentos evadiendo los "malos"; se trata de comer una variedad de alimentos

bien preparados en porciones razonables gozándolos y saboreándolos.

Este libro le ayudará a hacer justamente eso, al enfatizar alimentos que muchas veces rechazamos en nuestras dietas: verduras, frutas, legumbres y granos. A pesar de nuestras buenas intenciones, estos son los alimentos que siempre se quedan por el camino a menos de que hagamos un esfuerzo de incluirlos en nuestra dieta diaria.

Nuestros cuerpos ansían las vitaminas y minerales que nos proporciona la gran

variedad de alimentos vegetales. Pero nuestra dieta moderna es excepcionalmente restringida al tipo de vegetales que consumimos. Con todos los tipos de comida que tenemos libremente a nuestra disposición tendemos a sobre consentirnos con fuentes de energía, especialmente de grasas animales. También tendemos a inclinarnos hacia los carbohidratos que son una fuente excelente de energía rápida pero, desafortunadamente, a algunos de los carbohidratos más comunes como la harina blanca refinada o el arroz blanco se les ha despojado de los nutrientes saludables que se pueden encontrar en los granos enteros.

Aunque tomar un multivitamínico a diario o cereales fortificados con vitaminas en el desayuno no es una mala idea, incluir píldoras de suplementos no es la solución adecuada para sustituir la falta de vitaminas y minerales en nuestra dieta. Permitir a su cuerpo extraer estos nutrientes de los diferentes alimentos es la mejor manera de

obtener lo que usted necesita en la forma en que nuestro cuerpo está diseñado para usarlo.

Además de abastecernos con las vitaminas, minerales y fibra esenciales, las frutas y verduras son ricas en fitoquímicos, compuestos benéficos que se encuentran solamente en las plantas. En muchos casos son los fitoquímicos los que le dan a las frutas y verduras sus distintos colores y sabores. De hecho, los colores son la mejor forma para mostrarnos los fitonutrientes que contienen los alimentos: una manzana de piel amarilla ofrece diferentes beneficios que una manzana de piel roja o una de piel verde.

Lo ideal sería que una buena porción de los alimentos que come a diario viniera de otro grupo de alimentos vegetales: granos, legumbres, semillas y nueces. Estos alimentos son ricos en fibra, proteína, carbohidratos complejos y minerales.

Una parte de los granos que coma no deben ser refinados, sino lo más cercanos a su estado natural. Esto significa harina de trigo entero (integral) y arroz café en vez de blanco.

Las recetas de este libro tienen por finalidad ayudarlo a introducir en su dieta una variedad de productos vegetales brillantes, saludables y frescos por lo que se han organizado por colores: morado y azul, verde, blanco y sepia, amarillo y anaranjado, y rojo; más un capítulo de color café que incluye granos y legumbres. Cada capítulo de productos empieza con un cuadro que muestra las frutas y vegetales que están en su madurez en cada estación. Las recetas son rápidas, sencillas y directas, diseñadas para los cocineros modernos que tienen poco tiempo disponible pero desean llevar a su mesa diariamente una variedad colorida y saludable de productos frescos.

Frutas y verduras

Las frutas y verduras son la piedra angular de una dieta saludable. También son algunos de los alimentos más bellos y deliciosos del planeta, una bendición que agrada tanto a la vista como al paladar con sabores y texturas que varían desde los vegetales más amargos hasta las cerezas dulces. Las recetas del libro *Entradas* lo inspirarán a agregar nuevas frutas y verduras a sus comidas y a obtener los beneficios de sus vitaminas, minerales y fitoquímicos.

En los primeros años del siglo XX se descubrieron poco a poco las diferentes vitaminas y minerales que ahora sabemos que son esenciales para mantener una buena salud y que nos permiten combatir las enfermedades. Ahora estamos entrando en una era igual de excitante de descubrimiento a medida que aprendemos el papel que juegan los fitoquímicos en nuestros cuerpos.

Estos compuestos protectores, de los cuales se cree que hay miles, trabajan por sí solos y en combinaciones entre ellos y con los nutrientes. Trabajan de diferentes maneras, por ejemplo: algunos fitoquímicos actúan como antioxidantes, protegiendo al cuerpo al neutralizar las moléculas inestables del oxígeno (conocidas como radicales libres) que dañan a las células y promueven las enfermedades. Al comer con regularidad frutas y verduras ricas en antioxidantes se puede reducir la incidencia de diferentes tipos de cáncer, enfermedades del corazón, deterioro de la vista y otros problemas de la salud. Las frutas y verduras de cada grupo de color nos proporcionan diferentes combinaciones de fitonutrientes, cada uno jugando un papel importante al combatir enfermedades y promover la salud y el bienestar físico.

Al comer frutas y verduras en su punto de maduración, no sólo estará satisfaciendo a su paladar, sino que también le dará a su cuerpo el beneficio de todos los nutrientes saludables que contienen estos alimentos.

Granos y legumbres

Los granos y legumbres siempre han tenido un papel muy importante en la dieta humana. En Asia ninguna comida es completa sin arroz, mientras que los frijoles no pueden faltar en la mesa de la cocina mexicana y los estadounidenses se han acostumbrado a cenar con arroz o pan blanco. Sin embargo, últimamente ha habido un mayor interés en los saludables granos enteros, desde el arroz integral y la cebada casera hasta la exótica quinua.

Tal vez el interés viene en reacción a la moda reciente de la dieta baja en carbohidratos, la cual convirtió al pan blanco y las pastas en un tabú. Sea cual fuere la causa, al hacer un cambio sobre los granos blancos a los cafés sin refinar se inicia el desarrollo de una postura saludable.

Los granos, al igual que las legumbres, nueces y semillas, son una buena fuente de fibra, la cual mantiene nuestro sistema digestivo trabajando en orden y ayuda a regular los niveles de colesterol en nuestra sangre. Pero en nuestra dieta moderna los granos por lo general son refinados, despojados de su rica cáscara de fibra saludable y del germen rico en nutrientes.

En La Nueva Cocina Saludable las recetas que destacan los granos, legumbres, nueces y semillas se han agrupado en un capítulo llamado Café. Estos alimentos vienen en una variedad de colores, pero al considerarlos de

color café le ayudará a recordar que deben ser lo más cercanos a su estado natural como sea posible, sin despojarlos de sus nutrientes, textura y color.

Las recetas de este libro lo animarán a probar una variedad de granos como la cebada y la sémola en sus formas integrales. Vale la pena experimentar con otros granos enteros menos comunes como la quinua, un grano antiguo de América del Sur, o el mijo.

Las legumbres, las semillas de plantas con brotes que se abren cuando se secan, incluyen a los chícharos, frijoles, lentejas y cacahuates. Contienen fibra, carbohidratos complejos, fósforo y hierro además de mucha proteína: ¼ taza de frijoles secos cocidos o 1 cucharada de mantequilla de cacahuate es igual a 1 onza de carne cocida, pescado o pollo. Y se pueden encontrar en una amplia variedad de atractivos colores y formas, desde los chícharos amarillos

(garbanzos) y chícharos verdes hasta las lentejas rojas, verdes, amarillas, cafés y las diminutas de color negro

Las semillas que pertenecen a esta misma categoría incluyen a la linaza, semillas de ajonjolí y todas las variedades de nueces de árboles, desde las almendras hasta las nueces y nueces de la India. Estas son ricas en ácidos grasos omega-3 y tienen un alto contenido de fibra, los cuales han demostrado que reducen los niveles de colesterol. Las nueces son una rica fuente de la vitamina E antioxidante, la cual beneficia la salud del corazón.

Otros ingredientes

La filosofía de comer con los colores en La Nueva Cocina Saludable se basa en las frutas y verduras haciendo también énfasis en los granos enteros y legumbres. Pero no excluye a una variedad de carnes y productos lácteos. Así mismo, las hierbas, especias y los aceites saludables son ingredientes que ayudan a perfeccionar las recetas y pueden usarse para añadir sabor, beneficio, texturas y nutrientes a los platillos saludables.

La carne, lácteos y otros productos animales atraen a nuestro cuerpo que anhela las calorías ricas en nutrientes pero es fácil comer demasiado de estos ingredientes, especialmente cuando usted lleva un típico estilo de vida moderno sedentario. El secreto es encontrar un equilibrio sano en el gozo y uso de estos ingredientes.

Ciertas carnes juegan el papel de sazonadores. Un poco de tocino, pancetta o prosciutto pueden proporcionar sabor y dar un toque interesante a platillos que no llevan carne. Usados para acentuar las entradas como sopa, ensalada, pasta o como la parte principal de un canapé festivo, las carnes y quesos juegan un papel importante en este libro, brindándonos sabores placenteros y texturas que también muestran los vegetales o granos coloridos.

Cuando elija carne y queso para preparar sus platillos busque quesos sin procesar, pollo y huevos orgánicos y crianza natural de res, puerco y cordero. Cuando estas carnes y productos lácteos se eligen y preparan con cariño en casa son mucho mejores que los alimentos preparados y procesados que tienen gran cantidad de preservativos y aditivos.

Aunque demasiada grasa añade calorías en exceso a nuestra dieta, una cierta cantidad de grasa es esencial para el funcionamiento adecuado de nuestro cuerpo. La grasa también agrega gratas texturas a los alimentos y nos da la sensación de estar satisfechos, lo cual nos ayuda a evitar el comer demasiado. La mayoría de las recetas de este libro utilizan aceite de oliva y de canola como grasa primaria para cocinar. Junto con el de semilla de uva, estos aceites han demostrado ser benéficos gracias al contenido de grasa monoinsaturada, la cual eleva el nivel de colesterol bueno y disminuye el malo. Los aceites de nuez son ricos en grasas omega-3 que los hace saludables y agregan un excelente sabor a las ensaladas y platillos de verduras, al igual que el aceite de oliva extra virgen.

Los productos lácteos como la mantequilla y los quesos son altos en grasas saturadas por lo que deben ser usados juiciosamente. Muchos de los ingredientes lácteos que se usan en este libro de cocina, tanto en aderezos como en guarniciones, como la crema ácida o la mayonesa tienen versiones ligeras y bajas en grasa. El yogurt es una parte naturalmente saludable en cualquier dieta; no sólo contribuye con calcio y proteínas a un platillo, sino que también tiene enzimas que nos ayudan a la digestión. En algunos casos puede usarse para reemplazar algún otro ingrediente lácteo usado como guarnición.

Con sólo una pequeña cantidad de queso parmesano o pecorino añejado se resalta el sabor de una pasta o una botana sin ladear demasiado la balanza hacia lo pesado. Y muchos de los quesos frescos como el feta y el ricotta son naturalmente bajos en grasa y son una deliciosa contribución para muchos platillos.

Las hierbas y especias son intensificadores esenciales del sabor en la cocina saludable. Por ejemplo, si se agrega un poco de albahaca, perejil o cebollín fresco picado añade tanto color como una nota de intenso sabor a muchos platillos diferentes, al igual que antioxidantes verdes.

Algunas hierbas como la albahaca y el perejil pierden sabor y textura al secarse y es mejor usarlas frescas. Pero las hierbas con hojas más duras como el tomillo y el romero mantienen su sabor fresco en forma seca. Como regla general, añada las hierbas secas a los alimentos durante el proceso de cocción y las hierbas frescas al final. Frote las hierbas frescas y secas entre sus dedos para intensificar al máximo su sabor.

Para obtener un mejor sabor compre especias enteras y muélalas usted mismo en un molino de especias o en un molino eléctrico para café usado solamente para ese propósito. Las especias y semillas secas como el comino y el eneldo mejorarán su sabor si se tuestan ligeramente en una pequeña sartén antes de molerlas; esto despierta el distintivo sabor y fragancia de estas especias.

El vinagre, jugos cítricos y ralladuras de cítricos son otros saborizantes importantes de la cocina saludable. Estos ingredientes contribuyen a dar una nota ácida a un platillo, lo cual intensifica otros sabores sin hacer un platillo pesado.

Creando una comida saludable

Una comida saludable puede empezar con una sopa, una ensalada o un interesante plato de hors d'oeuvres. Las recetas sencillas y frescas mostradas en *Entradas*, muchas de las cuales se pueden duplicar para servirse como platos principales ligeros, lo guiarán a hacer comidas no solamente saludables sino también originales y deliciosas. Comer una variedad de alimentos frescos e incorporar todos los colores del arco iris son las dos claves para lograr una comida vibrante.

Elegir productos en su punto de frescura, sabor y niveles de nutrientes es el primer paso para crear una comida saludable. Esto significa comprar por lo menos una vez a la semana, convirtiéndose en cliente de tiendas y mercados de agricultores que ofrecen buena calidad de productos orgánicos. También significa almacenar cuidadosamente los alimentos y utilizarlos poco después de haberlos comprado

para mantenerlos en su mejor estado. Dicho esto, La Nueva Cocina Saludable está diseñada para los cocineros de la vida real con horarios de la vida real. Cada receta cuenta con una nota acerca del tiempo necesario para prepararlos y para cocinarlos, para ayudarle a organizar su agenda diaria. Y cada capítulo incluye varias "Ideas Frescas" con sencillos platillos que son fáciles de hacer en el último momento.

Usted descubrirá que muchas de las recetas de este libro son rápidas de preparar. Ingredientes de buena calidad necesitan de menos esfuerzo en la cocina que los de calidad mediocre. Cocer al vapor o asar las verduras no sólo es más saludable sino que también es más rápido. Un poco de vinagreta es todo lo que se necesita para terminar un platillo de muchas verduras frescas crudas. Si sus jitomates son heirlooms de enredadera, usted no tendrá más que rebanarlos y rociarlos con aceite de oliva y sal de mar.

El simple acto de cocinar los platillos en casa para nosotros mismos y nuestras familias en vez de comprar comida para llevar en tiendas o en restaurantes, es un enorme paso hacia una comida saludable. Entre más a menudo compre y cocine, esto se convertirá en un hábito hasta en un estilo de vida diaria muy ocupada; y la recompensa es estupenda. Comer en casa a menudo es la parte más importante del día; une a las parejas y familias y nos hace apreciar la buena comida que nos rodea. Y sin importar las recetas que use, su propia cocina contendrá menos mantequilla, aceite y sal que la comida de los restaurantes.

El comer por color nos ayudará a hacernos más concientes en la presentación de nuestras comidas en su conjunto. Por

ejemplo, sirva una entrada que use verduras verdes con un plato principal que use una verdura de color rojo. Y después de un plato de carne decorado con verduras amarillas y anaranjadas sirva un postre a base de frutas de color azul o morado. Cuando termine un platillo, ya sea entrada, plato principal o postre, no olvide los trucos del chef de añadir textura a un platillo cubriendo con suaves y tersos alimentos con ingredientes crujientes, como nueces tostadas espolvoreadas sobre ensaladas de peras y queso azul. Al combinar colores, sabores y texturas en un platillo les proporcionará una mejor apariencia.

El tamaño de las porciones es otra parte importante de comer sanamente. Asegúrese de limitar especialmente las proteínas y grasas en porciones pequeñas. En vez de servir una entrada seguida por un plato principal, quizás prefiera servir tres entradas

sucesivas o juntas para lograr una forma de comer más ligera y con más variedad. O, si usted elige una entrada que lleva carne o queso, podrá balancearla sirviendo un plato principal vegetariano.

Las recetas de Entradas han sido elegidas para brindarle una variedad de colores e ingredientes para empezar sus comidas. Desde entradas vegetarianas como la Ensalada de Betabel y Jitomates Pera Amarillos (página 86) hasta los platillos para los amantes de la carne como los Canapés con Mermelada de Cebolla Roja y Carne de Puerco (página 94), este libro ofrece una variedad de rápidos platillos frescos que serán el primer acto para una comida colorida saludable.

berenjenas ciruelas pasas

LAS FRUTAS Y VERDURAS MORADAS Y AZULES PROMUEVEN LA FUNCIÓN

zarzamoras zanahorias moradas

CEREBRAL • AYUDAN A PROMOVER LA SALUD DE LAS VÍAS URINARIAS •

grosellas negras lavanda papas azules

MEJORAN EL SISTEMA INMUNOLÓGICO • AYUDAN A PROMOVER EL

col morada uvas pasas uvas negras

ENVEJECIMIENTO SANO • OFRECENANTIOXIDANTES PARA CURAR

higos morados ciruelas azules

Y PROTEGER • AYUDAN A REDUCIR EL RIESGO DE ALGUNOS TIPOS

pimientos morados espárragos morados

DE CÁNCER • LAS FRUTAS Y VERDURAS MORADAS Y AZULES

Morado y azul

Las frutas y verduras de color morado y azul son los ingredientes más exóticos en el mundo de los productos agrícolas. Al igual que las flores azules y moradas, tienen una rareza y especial atracción. También están catalogadas en los rangos más altos de la lista de los alimentos más saludables. Es fácil añadir un toque de rico color morado a cualquier platillo del diario agregando moras de color morado en el verano o endibias belgas (achicoria/witloof) de puntas moradas durante el invierno..

Las frutas y verduras de color morado, especialmente las moras azules y las zarzamoras, son especialmente ricas en antioxidantes que protegen al cerebro y ayudan a la memoria. Otras frutas azules y moradas naturalmente saludables y fáciles de incorporar al consumo y cocina diaria incluyen a las ciruelas, uvas moradas e higos morados. Las verduras moradas incluyen a la conocida berenjena morada, tanto a la berenjena globo como a la japonesa larga y delgada, y a la col morada. Los espárragos morados, pimientos y papas (algunas veces llamadas papas moradas) son menos comunes, pero su coloración poco usual añade tanto nutrientes como emoción a platillos como los Espárragos Morados Asados con Prosciutto (página 34) y la Ensalada Tibia de Papa Morada (página 24).

Las uvas pasas y las ciruelas pasas se pueden encontrar todo el año y se conservan bien en la alacena. El proceso de deshidratado intensifica el contenido nutritivo de estas frutas, haciéndolas indispensables y una parte deliciosa de la cocina saludable.

PRIMAVERA	VERANO	OTOÑO	INVIERNO
ciruela pasa	berenjena	berenjena	ciruelas pasas
col morada	ciruelas azules, moradas y negras	ciruelas azules, moradas y negras	col morada
endibias belgas de punta morada	grosellas negras	ciruelas pasas	endibia belga de punta morada
espárragos morados	higos morados	col morada	grosellas secas
grosellas negras	lavanda	endibia belga de punta morada	papas moradas
grosellas secas	moras azules	grosella seca	uvas azules, moradas y negras
moras azules	pimientos morados	higos morados	uvas pasas
uvas pasas	zarzamoras	moras azules	zanahorias moradas
zanahorias moradas		papas azules	
		pimientos morados	
		uvas azules, moradas y negras	
		uvas pasas	
		zanahorias moradas	

ensalada de endibia belga morada y cangrejo

Hojas de 2 cabezas de endibia belga de punta morada (achicoria/witloof) o endibia belga regular

4 cucharaditas de vinagre de arroz

500 g (1 lb) de trozos de cangrejo fresco o descongelado

1 cucharada de estragón fresco, picado

2 cucharadas de aceite de oliva extra virgen

1 cucharada de mayonesa

2 cucharaditas de alcaparras, picadas

2 gotas de salsa Tabasco

1 cucharada de jugo de limón

Acomode 3 ó 4 hojas de endibia sobre cada uno de 4 platos previamente enfriados. Pique toscamente las hojas restantes y haga una cama con ellas sobre las otras hojas.

En un tazón mezcle el vinagre, cangrejo, estragón, aceite de oliva, mayonesa, alcaparras, salsa Tabasco, jugo de limón y sazone con ½ cucharadita de sal y ¼ cucharadita de pimienta. Divida la mezcla de cangrejo uniformemente entre los platos, montando sobre la cama de endibias picadas. Sirva de inmediato.

10 minutos de preparación
4 porciones

ensalada de moras azules

¼ taza (30 g/1 oz) de almendras crudas o blanqueadas, picadas

3 cucharadas de aceite de oliva extra virgen

4 cucharaditas de vinagre de arroz

2 cucharaditas de chalote, picado

1½ taza (185 g/6 oz) de moras azules

1 cucharada de cebollín fresco, picado

Hojas de 1 cabeza de lechuga francesa (Boston), en trozos del tamaño de un bocado

½ taza (90 g/3 oz) de queso feta, desmoronado

Precaliente el horno a 150°C (300°F).

Coloque las almendras en una charola para hornear y hornee cerca de 7 minutos, hasta que estén ligeramente doradas.
Retire del horno y reserve.

En un tazón para ensalada mezcle el aceite de oliva, vinagre, ¼ cucharadita de sal y ¼ cucharadita de pimienta; mezcle perfectamente. Añada el chalote, moras azules y la mitad del cebollín.
Deje reposar 10 ó 15 minutos.

Añada la lechuga y queso feta; mezcle bien. Decore con las almendras y con el cebollín restante. Sirva de inmediato.

25 minutos de preparación
7 minutos de cocción
4 porciones

berenjena asada estilo italiano

⅓ taza (80ml/3 fl oz) de aceite de oliva extra virgen

2 berenjenas globo (aubergines)

2 cucharadas de perejil fresco, picado

1 cucharadita de tomillo fresco

2 cucharadas de vinagre balsámico

1 diente de ajo, finamente picado

Prepare un asador de leña o carbón, o un asador de gas a 200ºC (400ºF). Engrase la parrilla con una cucharadita de aceite de oliva.

Corte las berenjenas longitudinalmente en rebanadas de 12 mm (½ in) de grueso. Barnice ambos lados con aceite de oliva y sazone con 1½ cucharadita de sal y 1 cucharadita de pimienta. Ase 6 ó 7 minutos, hasta que estén doradas y crujientes. Voltee y ase cerca de 4 minutos, hasta que estén doradas y crujientes por el otro lado. Retire del asador y reserve.

Coloque el aceite de oliva restante en un refractario poco profundo con el perejil, tomillo, vinagre y ajo. Añada las rebanadas de berenjena caliente y deje marinar por una hora, voltee y deje marinar por una hora más. Sirva de inmediato o tape y refrigere hasta por una semana. Sirva a temperatura ambiente.

Nota: Sirva con Brochetas de Calabacitas Asadas con Cilantro (página 42) o Radicha Asada con Salsa de Anchoa (página 99) en un platón de antipasto.

20 minutos de preparación más 2 horas de marinado

15 minutos de cocción

4 porciones

ensalada tibia de papa morada

1.25 kg (2½ lb) de papas moradas pequeñas

3 cucharadas de aceite de oliva extra virgen

2 cucharaditas de vinagre de vino tinto

¼ taza (30 g/1 oz) de apio, finamente picado

¼ taza (30g/1 oz) de cebolla morada, picada

¼ taza (10 g/1/3 oz) de perejil fresco, picado

Coloque las papas en una olla grande y añada agua fría para cubrir por 7.5 cm (3 in) y 1 cucharadita de sal. Lleve a ebullición, reduzca el fuego a medio-bajo y tape. Hierva a fuego lento cerca de 15 minutos, hasta que estén suaves. Escurra y deje enfriar hasta que se puedan tocar. Pele y con cuidado corte en rebanadas de 6 mm (¼ in) de grueso.

Mezcle las rebanadas de papa, aceite de oliva y vinagre en un refractario poco profundo y mueva cuidadosamente para cubrir. Añada el apio, cebolla morada, perejil, ½ cucharadita de sal y ½ cucharadita de pimienta. Mueva con cuidado hasta integrar por completo. Tape y deje marinar durante 20 minutos a temperatura ambiente antes de servir.

20 minutos de preparación más 20 minutos de marinado

20 minutos de cocción

4 porciones

ciruelas asadas rellenas de queso azul

4 ciruelas moradas, partidas a la mitad y sin hueso

2 cucharaditas de aceite de oliva

90 g (3 oz) de queso azul suave, como el gorgonzola, a temperatura ambiente

4 u 8 rebanadas de pan de nuez o de trigo integral

4 ramas de berros

Precaliente el horno a 230ºC (450ºF).

Barnice la superficie de las ciruelas con el aceite de oliva y haga un montículo con aproximadamente una cucharadita de queso en cada cavidad. Coloque las ciruelas en un refractario poco profundo lo suficientemente grande para darles cabida en una sola capa y hornee cerca de 10 minutos, hasta que el queso se haya calentado lo suficiente. Retire del horno y deje enfriar.

Sirva las ciruelas en platos pequeños acompañadas con el pan de nuez y decoradas con las ramas de berro.

10 minutos de preparación
10 minutos de cocción
4 porciones

ensalada de higos frescos y queso de cabra

8 higos morados frescos, sin tallo

2 cucharaditas de aceite de oliva extra virgen, más 3 cucharadas

1 cucharada de vinagre de vino tinto

2 tazas (60 g/2 oz) de hortalizas miniatura mixtas

90 g (3 oz) de queso de cabra suave, cortado en 4 trozos

½ cucharadita de vinagre balsámico

Barnice los higos con 2 cucharaditas de aceite de oliva, corte longitudinalmente en cuatro partes.

En un tazón para ensalada, mezcle el aceite de oliva, reservando unas gotas, con el vinagre de vino tinto. Añada ¼ cucharadita de sal, ¼ cucharadita de pimienta y las hortalizas miniatura y mezcle para cubrir.

Divida las hortalizas aderezadas uniformemente entre 4 platos para ensalada.

Acomode 8 cuartos de higo en cada plato y cubra con un trozo de queso de cabra. Rocíe el queso con el aceite de oliva restante y con una o dos gotas de vinagre balsámico.

15 minutos de preparación
4 porciones

uvas moradas en ensaladas

Las uvas moradas no sólo añaden sabor y nutrientes a las ensaladas, sino que también su color es un bello contraste con las hortalizas. Añada uvas sin semilla partidas a la mitad a una ensalada de espinacas miniatura o de arúgula (rocket) y espolvoree con el queso azul desmoronado.

pimiento morado con salsa de remojo

Los pimientos morados (capsicums) hacen un interesante plato de botana. Sirva con queso feta machacado y un poco de yogurt natural bajo en grasa y sazone con alcaparras finamente picadas, perejil y estragón frescos finamente picados, sal y pimienta.

higos asados rellenos

Barnice higos enteros o partidos a la mitad con un poco de aceite de oliva antes de asarlos. Ase en un horno a 180ºC (320ºF) hasta que se engruesen y calienten bien. Espolvoree con queso de cabra desmoronado, hojas de menta o hierbabuena y piñones y sirva.

ensalada de radicha con higos morados

Bata aceite de oliva y vinagre en un tazón para ensalada y añada sal y pimienta. Agregue uvas pasas, grosella y radicha troceada y mezcle. Ase higos cortados en cuartos en un horno de 180ºC (350ºF). Integre a la ensalada avellanas (filberts) y queso gorgonzola y sirva.

ensalada de col morada con uvas pasas

½ cabeza de col morada o verde

¼ cebolla blanca

¼ taza (60 ml/2 fl oz) de uvas pasas

¼ taza (60 ml/2 fl oz) de mayonesa

1 cucharada de vinagre de vino tinto

2 cucharadas de leche entera o baja en grasa

½ cucharadita de azúcar

Rebane finamente la col y la cebolla. Remoje las uvas pasas en agua caliente durante 10 minutos para que se suavicen. Escurra y reserve.

Mezcle la mayonesa, vinagre y leche en un tazón pequeño; bata con un tenedor para combinar. Añada azúcar y sal y pimienta al gusto (el aderezo debe tener un equilibrio entre lo dulce y lo ácido). Mezcle la col, cebolla y uvas pasas con el aderezo.

Sirva de inmediato en platos o tazones previamente enfriados.

20 minutos de preparación

4 porciones

crostini de col rizada morada

4 cucharadas (60 ml/2 fl oz) de aceite de oliva extra virgen

2 cucharadas de cebolla, finamente picada

2 dientes de ajo

500 g (1 lb) de col rizada morada, sin tallos duros y las hojas picadas grueso

1 taza (250 ml/8 fl oz) de caldo de pollo bajo en grasa

12 rebanadas de pan baguette de 6 mm (¼ inch) de grueso, tostadas

¼ taza (30 g/1 oz) de queso pecorino, rasurado

Caliente en una olla 2 cucharadas del aceite de oliva sobre fuego medio-alto y saltee la cebolla cerca de 2 minutos, hasta que esté traslúcida. Añada el ajo y la col rizada y saltee 3 ó 4 minutos, hasta que la col se marchite. Agregue el caldo de pollo, reduzca el fuego a bajo, tape y cocine 10 ó 15 minutos hasta que la col esté suave.

Retire la col rizada del fuego, deje enfriar y presione para retirar el líquido. En un tazón integre la col rizada, ½ cucharadita de sal y ½ cucharadita de pimienta. Cubra cada rebanada de baguette con un poco de col rizada, rocíe con aceite de oliva y un poco del queso rasurado.

Precaliente el asador. Coloque las rebanadas de baguette en una charola para hornear a 15 cm de la fuente de calor (6 in) y ase cerca de 3 minutos, hasta que el queso se haya derretido. Sirva caliente.

15 minutos de preparación

25 minutos de cocción

4 ó 6 porciones

terrina de pimiento morado con queso de cabra

125 g (4 oz) de queso de cabra suave a temperatura ambiente

2 cucharadas de leche entera o baja en grasa

1 cucharada de chalote, picado

1 pimiento (capsicum) morado

Galletas saladas, para acompañar

Engrase con mantequilla un ramekin o un refractario individual con capacidad de 125 ml (4 fl oz) y forre con plástico adherente. Coloque el queso de cabra en un tazón y presione con un tenedor. Integre la leche para hacer una mezcla untable. Incorpore el chalote, ½ cucharadita de sal y ¼ cucharadita de pimienta.

Retire las semillas del pimiento y corte longitudinalmente en tiras de 12 mm (½ in) de ancho. Reserva 3 tiras. Coloque las tiras restantes apretadamente una junto a otra en la base del refractario para cubrirla. Cuidadosamente coloque la mitad de la mezcla de queso, presionándola. Pique finamente las tiras de pimiento reservadas y espolvoree la superficie para hacer una capa compacta. Cubra con el queso restante, emparejando la superficie y refrigere durante toda la noche para que quede firme.

Para servir, jale las orillas del plástico adherente para despegar el queso del refractario. Invierta sobre un plato de servicio y retire el plástico. Para presentarlo rodéelo con galletas saladas.

Nota: Los pimientos morados tienen un sabor parecido a los pimientos verdes. Si usted lo prefiere use pimientos más dulces de otro color para hacer este paltillo: rojo, anaranjado o amarillo.

30 minutos de preparación, más una noche de refrigeración

4 porciones

pesto de berenjena

1 berenjena globo (aubergine)

3 panes árabes, cortados cada uno en 8 triángulos

2 dientes de ajo, finamente picados

½ taza (60 g/2 oz) de nueces, picadas

2 tazas (60g/2 oz) compactas de hojas de albahaca fresca

2 ó 3 cucharadas de aceite de oliva extra virgen

1 cucharada de alcaparras, machacadas

Precaliente el horno a 180ºC (350ºF). Coloque la berenjena en una charola para hornear y hornee cerca de una hora, hasta que estén ligeramente marchitas y suaves por dentro. Retire del horno y deje enfriar hasta poder tocarlas. Deje el horno prendido. Retire y deseche la piel y pique la carne toscamente. Reserve.

Coloque los triángulos de pan árabe en otra charola para hornear y hornee cerca de 15 minutos, hasta que estén ligeramente dorados, volteándolos una vez. Retire el pan del horno y reserve.

En una licuadora mezcle la berenjena, ajo, 1 cucharadita de sal, nueces, albahaca y 2 cucharadas de aceite de oliva. Haga un puré. Si está muy espeso añada 1 cucharada de aceite. Incorpore las alcaparras. Sirva con los triángulos de pan árabe.

15 minutos de preparación

1 hora y 15 minutos de cocción

4 ó 6 porciones

queso brie y pollo ahumado con compota de moras azules

3 bayas de enebro

1 cucharada de aceite de oliva

1 cucharada de cebolla, finamente picada

1½ taza (185 g/6 oz) de moras azules, frescas o congeladas

2 cucharadas de brandy o vermouth seco

½ taza de hojas de arúgula (rocket) miniatura u otras hortalizas verdes suaves

185 g (6 oz) de pollo ahumado o pechuga de pato, finamente rebanado, sin grasa

90 g (3 oz) de queso brie, finamente rebanado

Muela las bayas de enebro en un mortero o molcajete con su mano o en un molino de especias.

Calienta el aceite de oliva en una olla sobre fuego medio y saltee la cebolla cerca de 2 minutos, hasta que esté traslúcida. Añada las moras azules y las bayas de enebro y cocine aproximadamente 5 minutos, machacando las bayas con el revés de una cuchara de madera, hasta que estén suaves. Agregue brandy y hierva a fuego lento cerca de 7 minutos, moviendo ocasionalmente, hasta que espese.
Integre ¼ cucharadita de sal. Retire del fuego y deje enfriar ligeramente.

Divida las hojas de arúgula entre cuatro platos de ensalada. Acomode las rebanadas de pollo y de queso brie sobre la arúgula. Bañe con la compota tibia. Sirva de inmediato.

20 minutos de preparación

15 minutos de cocción

4 porciones

espárragos morados asados con prosciutto

16 espárragos morados o verdes (aproximadamente 500 g/1 lb)

2 cucharadas de vinagre balsámico

2 cucharadas de vinagre de vino tinto

1 cucharada de aceite de oliva extra virgen

8 rebanadas delgadas de prosciutto, partido longitudinalmente a la mitad

Precaliente el horno a 230ºC (450ºF).

Coloque los espárragos en un refractario en una sola capa y espolvoree con ¼ cucharadita de sal y ¼ cucharadita de pimienta. Vierta los vinagres y el aceite de oliva sobre los espárragos y voltee a cubrir. Envuelva cada espárrago con media rebanada del prosciutto. Regrese al refractario, dándoles varias vueltas. Ase en el horno cerca de 20 minutos, volteándolos varias veces, hasta que el prosciutto esté crujiente y los espárragos estén suaves. Sirva caliente o a temperatura ambiente.

10 minutos de preparación

20 minutos de cocción

4 porciones

aguacates   pepinos   espinacas

LAS   FRUTAS   Y   VEGETALES   VERDES   ESTIMULAN   EL   SISTEMA

berros   arúgula   espárragos

INMUNOLÓGICO   •   PROMUEVEN   LA   SALUD   VISUAL   •   AYUDAN   A

col rizada brócoli chícharos nieve

FORMAR HUESOS FUERTES   •   FORMAN DIENTES FUERTES   •   OFRECEN

poros lechuga calabacitas ejotes

ANTIOXIDANTES   PARA   SANAR   Y   PROTEGER   •   RIESGO   DE   CIERTOS

verdes endibias colecitas de Bruselas

TIPOS DE CÁNCER   •   LAS FRUTAS Y VERDURAS REDUCEN EL   VERDES

limas   té verde kiwis alcachofas

ESTIMULAN EL SISTEMA INMUNOLÓGICO   •   PROMUEVEN LA SALUD VISUAL

Verde

La banda de color verde es la más vasta de los productos agrícolas, con sabores y texturas que van desde los cremosos aguacates hasta los refrescantes melones honeydew. Todos sabemos que es saludable comer productos verdes. De hecho las hojas más oscuras de los vegetales, como la col rizada, acelgas o espinacas, son las que contienen más nutrientes. Y las recetas de este capítulo harán que el comer productos verdes sea un placer en vez de una rutina..

Cada estación tiene sus propios productos verdes. Las manzanas verdes abundan en el otoño, mientras que los vegetales de hoja como las coles rizadas nos mantendrán sanos durante el frío invierno. La albahaca fresca y otras hierbas nos anuncian la llegada del verano, mientras que los espárragos con forma de lanza y las torneadas alcachofas que llenan las naves de los mercados nos presagian la llegada de la primavera.

Es sumamente sencillo incluir vegetales verdes en las entradas, ya que las ensaladas son una entrada clásica para una comida. Cuando usted mezcla hortalizas verdes tradicionales con otras verduras o frutas, como en la Ensalada de Pavo y Apio (página 51) o combina dos vegetales verdes en un primer plato como las Galletes de Polenta con Poro y Acelga (página 52), habrá duplicado las porciones de este color tan benéfico en un solo plato de una comida.

Las frutas verdes pueden ser bien recibidas en las entradas sazonadas, como en las Peras Verdes Horneadas con Queso Stilton (página 48) y en la Ensalada de Kiwi, Manzana y Uvas con Jarabe de Romero (página 45).

PRIMAVERA	VERANO	OTOÑO	INVIERNO
alcachofas	aguacate (Hass)	acelga	aguacate fuerte
berros	angú	alcachofas	apio
chícharos	arúgula	berros	berros
chícharos nieve	calabacitas	bok choy	bok choy
chícharos chinos	chícharos chinos	brócoli	brócoli
ejotes	chiles verdes	brócoli rabé	brócoli rabé
endibia	ejotes	col rizada	colecitas de Bruselas
espárragos	espinacas	col verde	col rizada
espinacas	hierbas verdes	colecitas de Bruselas	col verde
kiwis	lima key y persa	endibia	chícharos nieve
lechuga	melones verdes	manzanas verdes	endibia
lima key y persa	pepinos	peras verdes	espinaca
peras verdes	uvas verdes	poro	manzanas verdes
pimientos verdes		uvas verdes	poros

sopa de alcachofa con crostini

1.25 kg (2½ lb) de alcachofas miniatura

2 cucharadas más 1 cucharadita de aceite de oliva

1 cucharada de cebolla, finamente picada

1 diente de ajo, finamente picado

4 tazas (1 l/32 fl oz) de caldo de pollo bajo en sodio

1 hoja de laurel

1 cucharadita de tomillo fresco, finamente picado

1 rebanada de limón

1 cucharadita de ralladura de limón

4 rebanadas de pan baguette o tipo campestre

½ taza (60 g/2 oz) de queso gruyere o suizo

Prepare las alcachofas (vea página 45). Caliente 2 cucharadas de aceite de oliva en una sartén sobre fuego medio-alto. Añada la cebolla y saltee cerca de 2 minutos, hasta que esté traslúcida. Escurra y seque las alcachofas ligeramente y añada a la cebolla con el ajo. Saltee cerca de 2 minutos, hasta que el ajo se dore. Añada el caldo, hoja de laurel, tomillo y rebanada de limón. Lleve a ebullición, reduzca el fuego a bajo y cocine cerca de 15 minutos, hasta que las alcachofas se puedan picar con un tenedor.

Retire la rebanada de limón y la hoja de laurel y haga un puré usando una licuadora normal o una de inmersión. Cuele a través de un colador de malla fina. Coloque en una olla limpia y caliente hasta que hierva sobre fuego medio. Incorpore la ralladura de limón, ¼ cucharadita de sal y ¼ cucharadita de pimienta.

Precaliente el asador. Barnice uno de los lados de las rebanadas de pan con 1 cucharadita de aceite de oliva y coloque en una charola para hornear aproximadamente a 15 cm (6 in) de la fuente de calor. Ase cerca de 3 minutos, hasta dejar ligeramente doradas. Voltee y ase del segundo lado durante 1 ó 2 minutos. Retire del asador y cubra cada pan tostado con un poco de queso. Vuelva a colocar bajo el asador cerca de 2 minutos, hasta que el queso se derrita. Vierta la sopa caliente en tazones precalentados y decore con los crostini.
Espolvoree con pimienta molida y sirva.

25 minutos de preparación

30 minutos de cocción

4 porciones

ensalada de pepino y queso feta

2 pepinos, sin piel y finamente rebanados

½ cebolla morada, finamente picada

2 cucharadas de eneldo fresco, finamente picado

4 cucharaditas de vinagre de arroz

2 cucharadas de aceite de oliva extra virgen

¾ taza (125 g/4 oz) de queso feta, desmoronado

Haga una capa con la mitad de las rebanadas de pepino en un tazón. Espolvoree con la mitad de la cebolla, la mitad del eneldo, ¼ cucharadita de sal y ¼ cucharadita de pimienta. Repita la operación para hacer otra capa. Vierta el vinagre y aceite de oliva y deje reposar durante 30 minutos para mezclar los sabores. Mezcle para combinar, añada el queso feta y mezcle ligeramente.

Sirva en tazones de ensalada fríos.

*10 minutos de preparación,
más 30 minutos para reposar*

4 porciones

brochetas de calabacitas asadas con comino

4 calabacitas (courgettes), cortadas transversalmente en rebanadas de 12 mm (½ in) de grueso

2 cucharadas de aceite de oliva

1 cucharadita de orégano seco

1 cucharadita de semillas de cilantro, molidas

½ cucharadita de chile suave en polvo

1 taza (250 g/8 oz) de yogurt bajo en grasa

1 cucharadita de comino molido

¼ cucharadita de pimienta de cayena

Ramas de cilantro, para decorar

Remoje 8 brochetas en agua durante 30 minutos. Reserve.

Prepare un asador con carbón o leña, o un asador de gas a 200ºC (400ºF). En un tazón mezcle las rebanadas de calabacita con el aceite, orégano, cilantro, chile en polvo y 1 cucharadita de sal. Mezcle para cubrir y deje reposar durante 30 minutos.

Inserte las calabacitas por los lados en las brochetas. Ase 5 ó 6 minutos por un lado o hasta que estén ligeramente doradas, voltee y cocine por el segundo lado 4 ó 5 minutos, hasta que estén ligeramente doradas y suaves. Barnice con más marinada si lo desea.

En un tazón mezcle el yogurt, comino, cayena y ¼ cucharadita de sal.

Sirva las brochetas acompañando con el yogurt, decore con las ramas de cilantro.

15 minutos de preparación, más 30 minutos para reposar

10 minutos de cocción

4 porciones

ensalada de aguacate, toronja y cebollín

2 cucharadas de semillas de calabaza (pepitas), sin su cáscara

3 cucharadas de aceite de oliva extra virgen

2 cucharaditas de vinagre de frambuesa

1 cucharadita de miel de abeja

Hojas de 1 cabeza de lechuga de hoja verde, cortada en trozos del tamaño de un bocado

2 toronjas blancas o rosas, sin piel y en gajos (vea página 103)

2 rebanadas delgadas de cebolla morada, separada en aros

2 aguacates, sin piel ni hueso

2 cucharadas de cebollín fresco, picado

Precaliente el horno a 180ºC (350ºF).

Coloque las semillas de calabaza en una charola para hornear y tueste en el horno aproximadamente 7 minutos, sacudiendo una o dos veces, hasta que estén doradas.

En un tazón para ensalada bata el aceite de oliva con el vinagre, miel, 1/4 cucharadita de sal y ¼ cucharadita de pimienta. Añada la lechuga.

Corte cada gajo de toronja en 2 ó 3 trozos, retirando las semillas, y añada al tazón de la ensalada junto con la cebolla morada. Revuelva hasta cubrir con el aderezo. Divida uniformemente en 4 platos de ensalada. Parta el aguacate en cubos y divida uniformemente entre los platos de ensalada.

Sirva de inmediato, espolvoreando con el cebollín y las semillas de calabaza.

20 minutos de preparación

7 minutos de cocción

4 porciones

ensalada de kiwi, manzana y uvas con jarabe de romero

¼ taza (60 g/2 oz) de azúcar

3 ramas de romero de 15 cm (6 in)

3 kiwis, sin piel y partidos en dados

2 manzanas ácidas verdes como la Granny Smith, con piel, sin corazón y cortada en cubos de 12 mm (½-in)

1 taza (185 g/6 oz) de uvas verdes sin semilla

Hierva ½ taza (125 ml/4 fl oz) de agua con el azúcar en una olla sobre fuego medio-alto, moviendo para disolver el azúcar. Agregue los tallos de romero, reduzca el fuego a medio y cocine 15 minutos. Retire el romero y suba el fuego a alto. Cocine, moviendo, hasta que el líquido se reduzca a ⅓ taza (80 ml/3 fl oz). Deje enfriar a temperatura ambiente.

Coloque los dados de kiwi, cubos de manzana y uvas en un tazón y bañe con el jarabe, mezclando para cubrir la fruta. Sirva de inmediato.

30 minutos de preparación

20 minutos de cocción

4 porciones

alcachofas miniatura con aceitunas negras y limón

4 panes árabes

1 limón

12 ó 15 alcachofas miniatura

2 cucharadas de aceite de oliva extra virgen

2 cucharaditas de perejil fresco, finamente picado

2 cucharaditas de hojas de tomillo fresco

20 ó 25 aceitunas negras curadas en aceite, sin hueso

Precaliente el horno a 180ºC (350ºF). Corte cada pan árabe en 8 triángulos. Coloque en una charola para hornear y hornee cerca de 15 minutos, volteando una vez, hasta que estén crujientes. Retire del horno y reserve.

Ralle toda la piel del limón y reserve. Corte el limón a la mitad y exprima el jugo de una mitad en un tazón con agua fría.

Rompa y deseche las hojas exteriores de las alcachofas, dejando sólo las hojas de color verde pálido. Corte el tercio superior de las alcachofas. Recorte la punta del tallo y las orillas duras de las hojas. Corte las alcachofas a la mitad o en cuartos, dependiendo del tamaño. Corte las puntas interiores de color morado. Coloque las alcachofas cortadas en el tazón con agua de limón.

En una olla con agua hasta la mitad exprima aproximadamente 1 cucharada de jugo de limón de la mitad restante del limón. Lleve a ebullición y añada las alcachofas. Cocine 3 ó 4 minutos, hasta que se puedan picar con un tenedor. Escurra bien. Mientras están aún calientes coloque las alcachofas en un tazón con aceite de oliva, ½ cucharadita de sal, ½ cucharadita de pimienta, perejil, tomillo y aceitunas. Espolvoree con la ralladura de limón y mezcle.
Sirva en tazones acompañando con triángulos de pan árabe.

25 minutos de preparación

20 minutos de cocción

4 porciones

edamame

En una vaporera con tapa sobre agua a fuego lento cueza al vapor edamame (frijol de soya en vaina) congelado o fresco, aproximadamente 15 minutos, hasta que el interior de los frijoles esté suave. Sirva las vainas de frijol espolvoreando con sal gruesa. Abra las vainas para comer los frijoles.

uvas verdes congeladas con cilantro

Congele uvas verdes hasta que estén duras. Sirva en tazones de postre o en copas bajas para champaña, adornando con cilantro finamente picado y rociando con jerez seco.

ensalada de kiwi

Pele y rebane los kiwis y revuelva con
hojas troceadas de lechuga francesa.
Incorpore hojas de arúgula (rocket),
rocíe con aceite de oliva extra virgen,
vinagre de champaña y jugo de limón.
Espolvoree con pistaches picados.

peras verdes con
jamón serrano

Retire el tallo de peras verdes como la
Anjou, Comice o Seckel. Parta a la mitad
y descorazone. Corte en rebanadas y
envuelva cada rebanada con jamón
serrano o prosciutto. Acompañe con
mitades de nuez tostadas.

peras verdes horneadas con queso stilton

1 cucharadita de mantequilla más 1 cucharada, derretida

2 peras verdes, como la Anjou o Comice, partidas a la mitad y descorazonadas

1 cucharada de jugo de limón

¼ taza (60 g/2 oz) de queso stilton a temperatura ambiente

Ramas de berros u hojas de arúgula (rocket), para decorar (opcional)

Precaliente el horno a 180ºC (350ºF).

Con una cucharadita de mantequilla engrase un refractario lo suficientemente grande para darle cabida a las peras. Coloque las mitades de pera en el refractario, con el corte hacia arriba y rocíe con jugo de limón. Rellene la cavidad de cada mitad de pera con 1 cucharada de queso.

Hornee las peras durante 15 minutos, barnice con mantequilla derretida y hornee cerca de 10 minutos, hasta que se puedan picar con un tenedor. Sirva tibias decorando con berro, si lo usa.

10 minutos de preparación
25 minutos de cocción
4 porciones

sándwiches abiertos con queso crema a la menta

125 g (4 oz) de queso crema entero o bajo en grasa a temperatura ambiente

½ cucharadita de pimienta blanca

2 cucharadas de leche entera o baja en grasa

½ taza (15 g/1/2oz) compacta de hojas de menta o hierbabuena fresca, picadas, más ramas para decorar

2 cucharadas de chalote, finamente picado

4 ó 6 rebanadas delgadas de pan de centeno oscuro

1 pepino, sin piel y en rebanadas delgadas

Mezcle el queso con la pimienta blanca en un tazón y machaque con el revés de un tenedor. Incorpore la leche para hacer una pasta untable. Agregue la menta picada, chalote y mezcle hasta integrar por completo.

Unte cada trozo de pan con la mezcla de queso crema, cubra con las rebanadas de pepino traslapándolas. Usando un cuchillo filoso corte cada sándwich diagonalmente a la mitad y decore con la rama de menta.

20 minutos de preparación
4 ó 6 porciones (8 ó 12 mitades de sándwich)

círculos de atún con guacamole de tomate verde

500 g (1 lb) de lomo de atún Ahí,
de 5 cm (2 in) de diámetro

1 cucharada de aceite de oliva

Guacamole

2 tomates verdes

2 aguacates

2 cucharaditas de chalote,
finamente picado

1 cucharada de jugo de limón

Permita que el atún esté a temperatura ambiente. Sazone con
½ cucharadita de sal gruesa y ½ cucharadita de pimienta.
En una sartén caliente el aceite de oliva sobre fuego alto hasta
que humee. Agregue el atún y selle por todos lados cerca de
6 minutos, hasta que se dore. Retire de la sartén y deje reposar.

Para el Guacamole: Retire la cáscara que cubre la piel del tomate,
enjuague y pique. Pele, deshuese y machaque los aguacates e integre
el tomate y el chalote. Sazone con ½ cucharadita de sal, ½ cucharadita
de pimienta y el jugo de limón.

Rebane el lomo de atún al grueso deseado, cubra con una cucharada
de guacamole y sirva.

15 minutos de preparación
10 minutos de cocción
6 u 8 porciones

ensalada de pavo y apio

2 tazas (375 g/12 oz) de tallos de apio
(cerca de 4 tallos), finamente picados

2 tazas (375 g/12 oz) de pavo cocido,
picado toscamente

¼ taza (10 g /⅓ oz) de perejil fresco,
finamente picado

1 cebollita de cambray,
finamente picada

1 cucharada de arándanos secos

¼ taza (60 g/2 oz) de yogurt
natural bajo en grasa

2 cucharadas de mayonesa

4 hojas grandes de lechuga
francesa (Boston)

En un tazón mezcle el apio, pavo, perejil, cebollita de cambray,
arándanos, yogurt y mayonesa. Sazone con 1 cucharadita de sal y
1 cucharadita de pimienta. Vuelva a mezclar y deje reposar a
temperatura ambiente durante 30 minutos o refrigere hasta por
3 horas para fundir los sabores.

Para servir, coloque una hoja de lechuga en cada uno de 4 platos
para ensalada y acomode la ensalada sobre cada hoja.

Nota: Esta ensalada es excelente untada en sándwiches.

15 minutos de preparación,
más de 30 minutos a
3 horas para enfriar
4 porciones (12 canapés)

galettes de polenta
con poro y acelga

1 manojo de acelga, sin tallos duros, picada toscamente

1 taza (220 g/7 oz) de polenta molido fino o medio

1 cucharada de mantequilla

3 cucharadas de aceite de oliva extra virgen

2 cucharadas de chalote, finamente picado

4 tazas (500g/1 lb) de poro, únicamente su parte blanca y verde pálido, picado (cerca de 6 poros)

⅓ taza (80 ml/3 fl oz) de caldo de pollo bajo en sodio

½ cucharadita de hojuelas de chile rojo

⅓ taza (45 g/1½ oz) de queso gruyere, rallado

Mezcle las acelgas con 1 taza (250 ml/8 fl oz) de agua en una olla y hierva sobre fuego medio-alto. Reduzca el calor a bajo, tape y hierva a fuego lento cerca de 15 minutos, hasta que estén suaves. Escurra y reserve.

Mezcle 4 tazas (1 l/32 fl oz) de agua con 1½ cucharadita de sal kosher en una olla y hierva sobre fuego medio-alto. Gradualmente integre la polenta, reduzca el fuego a bajo y hierva a fuego lento cerca de 10 minutos, moviendo continuamente, hasta que la polenta se separe ligeramente de las orillas de la olla. Engrase con mantequilla un refractario de 25 x 35 cm (10 x 14 in), añada la polenta y empareje la superficie. Refrigere durante 30 minutos o hasta que esté firme.

Derrita la mantequilla con 2 cucharadas de aceite de oliva en una sartén sobre fuego medio. Incorpore el chalote y los poros. Tape y reduzca el fuego a lento y cocine cerca de 15 minutos, hasta que los poros estén muy suaves pero no se hayan dorado y toda la humedad se haya absorbido. Incorpore las acelgas, caldo de pollo, hojuelas de chile rojo, 1 cucharadita de sal y ½ cucharadita de pimienta negra. Aumente el fuego a alto y cocine cerca de 5 minutos, hasta que casi toda la humedad se haya absorbido.

Precaliente el asador. Corte la polenta en la forma deseada, ya sea en rectángulos, círculos o triángulos. Rocíe una charola para hornear con ½ cucharada de aceite de oliva y coloque las figuras de polenta sobre ella. Rocíe con la ½ cucharada restante de aceite de oliva y espolvoree con la mitad del queso. Ase a 15 cm (6 in) de la fuente de calor cerca de 5 minutos, hasta que estén ligeramente doradas y el queso se haya derretido. Divida la polenta entre platos precalentados y cubra con un poco de la mezcla de poro.

Espolvoree con el queso restante y sirva de inmediato.

30 minutos de preparación
50 minutos de cocción
4 ó 6 porciones

coliflor chalotes champiñones dátiles

LAS FRUTAS Y VERDURAS BLANCAS Y COLOR SEPIA CONTIENEN

nabos plátanos higos color sepia

ANTIOXIDANTES PARA SANAR Y PROTEGER • AYUDAN A MANTENER

peras color sepia pastinaca maíz blanco

UN NIVEL DE COLESTEROL SALUDABLE • PROMUEVEN LA SALUD DEL

papas alcachofas Jerusalén

CORAZÓN • ESTIMULAN AL SISTEMA INMUNOLÓGICO • RETARDAN

jengibre colinabo duraznos blancos

LA ABSORCIÓN DEL COLESTEROL • LAS FRUTAS Y VERDURAS

ajo nectarinas blancas jícama

BLANCAS Y COLOR SEPIA CONTIENEN ANTIOXIDANTES PARA SANAR

Blanco y sepia

Con tanto énfasis que se pone sobre el color en este libro es importante recordar que los productos agrícolas de color blanco y sepia tienen un lugar en la dieta. Las papas blancas, que a menudo se consideran únicamente como un carbohidrato, son ricas en vitaminas y minerales; mientras que las cebollas y el ajo añaden un incomparable sabor además de nutrientes a muchos platillos. Las frutas dulces como los dátiles e higos dorados se incluyen en esta categoría.

Los vegetales blancos y color sepia, como la jícama, coliflor, maíz blanco, apio silvestre (celeriac) y alcachofas Jerusalén, no sólo añaden otro tono a la paleta de colores de los alimentos haciéndolos importantes para dar un contraste en el plato, sino que también son una importante adición a la cocina saludable. El maíz blanco es un alimento delicioso en el verano, mientras que la coliflor y el apio silvestre brindan un sabor cálido a los guisados y cacerolas del otoño y el invierno.

La diversidad de usos culinarios para los vegetales blancos y color sepia es amplia y variada, desde el Ceviche de Camarón y Jícama (página 66) hasta los Champiñones Rellenos de Jamón Serrano (página 59). Un sencillo platillo de Sopa de Alcachofa Jerusalén con Aceite de Trufa (página 60) puede ser un modesto primer plato antes de un vibrante y colorido plato principal. Y no se olvide de las frutas blancas y color sepia como los plátanos (cuya cáscara es amarilla, pero su pulpa es blanca), peras color sepia y nectarinas y duraznos blancos. Su sutil color y sabor añaden un interés visual a platillos como la Ensalada de Nectarinas Blancas y Menta (página 64).

PRIMAVERA	VERANO	OTOÑO	INVIERNO
ajo	ajo	alcachofas Jerusalén	ajo
cebollas	cebollas	cebollas	alcachofas Jerusalén
coliflor	colinabo	coliflor	cebollas
chalotes	chalotes	colinabo	coliflor
champiñones	champiñones	chalotes	chalotes
dátiles	dátiles	dátiles	dátiles
jengibre	duraznos blancos	higos dorados	hongos secos
jícama	higos dorados	hongos	jengibre
nabos	jengibre	jícama	jícama
papas	maíz blanco	nabos	nabos
pastinaca	nectarinas blancas	papas	papas
peras de color sepia	papas	pastinaca	pastinaca

champiñones rellenos de jamón serrano

20 champiñones button o cremini

5 ó 6 rebanadas delgadas de jamón serrano o prosciutto

4 cucharadas (60 ml/2 fl oz) de aceite de oliva

2 cucharadas de chalote, finamente picado

¼ taza (15 g/½ oz) de pan molido fresco

3 cucharadas de perejil fresco, finamente picado

2 cucharadas de alcaparras, finamente picadas

¼ taza (30 g/1 oz) de queso parmesano, rallado

Precaliente el horno a 190ºC (375ºF). Retire los tallos de los champiñones. Pique finamente los tallos y reserve con los botones. Pique 5 rebanadas de jamón. Corte la rebanada restante en tiras delgadas para decorar, si lo desea.

Caliente 2 cucharadas de aceite de oliva en una sartén sobre fuego medio-alto. Añada los chalotes y saltee cerca de 1 minuto, hasta que estén suaves. Agregue los tallos de los champiñones y saltee 1 ó 2 minutos, añada el jamón, pan molido, perejil y alcaparras.

Coloque los botones de los champiñones en un tazón y mezcle con 1 cucharada de aceite de oliva. Rellene cada botón con el relleno de migas y coloque en un refractario lo suficientemente grande para darles cabida. Cubra con queso y rocíe con el aceite de oliva restante. Hornee cerca de 15 minutos hasta que los champiñones estén suaves y el queso se haya derretido. Sirva calientes decorando con tiras de jamón, si lo usa.

20 minutos de preparación
20 minutos de cocción
6 u 8 porciones

ensalada de pera con nuez y queso azul

2 cucharadas de jugo de limón

2 cucharadas de aceite de nuez

4 hojas de lechuga francesa (Boston)

2 peras color sepia sin pelar, como la Bosc o la asiática, partidas a la mitad, sin tallo y descorazonadas

60 ó 90 g (2-3 oz) de queso azul

4 mitades de nuez de Castilla, más ¼ taza (30 g/1 oz) de nuez tostada picada (vea página 121)

Ponga el jugo de limón, aceite de nuez y ½ cucharadita de sal en un tazón pequeño y mezcle bien para hacer un aderezo.

Acomode las hojas de lechuga en 4 platos de ensalada. Coloque cada mitad de pera con la pulpa hacia arriba sobre una tabla para picar y corte longitudinalmente en rebanadas delgadas hasta tres cuartas partes hacia adentro. Coloque la mitad de pera rebanada en cada hoja de lechuga con la pulpa hacia arriba. Divida el queso uniformemente entre las peras, colocando un trozo de queso en cada cavidad de la pera. Adorne con una mitad de nuez y espolvoree con nuez picada. Rocíe con un poco de aderezo y sirva.

15 minutos de preparación
4 porciones

sopa de alcachofa Jerusalén con aceite de trufa

500 g (1 lb) de alcachofas Jerusalén (sunchokes), sin piel y toscamente picadas

3 tazas (750 ml/24 fl oz) de caldo de pollo bajo en sodio

½ cucharadita de pimienta blanca

2 cucharaditas de aceite de trufa

Mezcle las alcachofas Jerusalén con el caldo de pollo en una olla y deje hervir. Reduzca el fuego y hierva a fuego lento cerca de 15 minutos, hasta que las verduras estén suaves.

Haga un puré en una licuadora regular o de inmersión. Añada la pimienta blanca y ½ tsp cucharadita de sal. Vuelva a colocar la sopa sobre fuego lento. Usando un cucharón sirva la sopa caliente en tazones precalentados y rocíe cada uno con ½ cucharadita de aceite de trufa. Sirva de inmediato.

20 minutos de preparación
20 minutos de cocción
4 porciones

ensalada mediterránea con aderezo de ajo asado

2 cabezas de ajo

5 cucharadas (75 ml/ 2½ fl oz) de aceite de oliva extra virgen, más el necesario para rociar

1 berenjena globo (aubergine)

2 pimientos (capsicums) rojos

1 calabacita (courgette)

2 cucharadas de vinagre de vino

¼ taza (10 g/⅓ oz) de albahaca, picada, para decorar

¼ taza (30 g/1 oz) de piñones, tostados (vea página 121), para acompañar

Precaliente el horno a 180ºC (350ºF).

Corte aproximadamente 12 mm (½ in) de la punta de cada cabeza de ajo. Rocíe cada una con un poco de aceite de oliva, envuelva en papel aluminio y coloque sobre una charola para hornear. Hornee cerca de 45 minutos, hasta que estén suaves. Deje enfriar, exprima los dientes de ajo en un tazón. Reserve. Eleve la temperatura del horno a 200ºC (400ºF).

Mientras tanto, corte la berenjena en cubos de 12 mm (½-in) y los pimientos en cuadros de 12 mm (½-in) Corte la calabacita en rebanadas de 12 mm (½ in) de grueso. Mezcle los vegetales en un tazón y añada 3 cucharadas de aceite de oliva, ¼ cucharadita de sal y ¼ cucharadita de pimienta. Mezcle para cubrir bien. Extienda sobre una charola para hornear y hornee 15 ó 20 minutos, agitando una o dos veces, hasta dorar. Retire del horno y deje enfriar.

Mezcle el ajo asado, 1½ cucharada restante de aceite de oliva, ¼ cucharadita de sal, ¼ cucharadita de pimienta y vinagre. Machaque y mezcle ligeramente con un tenedor, dejando algunos trozos de ajo.

Coloque los vegetales en un tazón o en un platón y bañe con el aderezo, mezclando para cubrir. Acompañe con albahaca y piñones.

20 minutos de preparación
1 hora 5 minutos de cocción
4 porciones

pissaladière de cebollas y chalotes caramelizados

Pasta

1 taza (250 ml/8 fl oz) de agua caliente (40ºC/105ºF)

1 paquete (2¼ cucharadita) de levadura seca activa

1 cucharadita de azúcar

1 cucharadita de sal

2 cucharadas de aceite de oliva

3–3½ tazas (470-545 g /15-17 ½ oz) de harina de trigo sin blanquear

Cubierta

4 cucharadas (60g/2 oz) de mantequilla

6 cucharadas (90 ml/3 fl oz) de aceite de oliva

1.5 kg (3 lb) de cebolla, finamente rebanada

1 kg (2 lb) de chalotes, finamente rebanados

1 cucharada de azúcar

2 cucharadas de vino blanco seco

Polenta (cornmeal), para espolvorear

2 cucharadas de aceite de oliva extra virgen

1 cucharada de orégano seco

¼ taza (30 g/1 oz) de queso parmesano, rallado

12 aceitunas Niçoise, sin hueso

Para la pasta: Coloque el agua caliente en un tazón pequeño e incorpore la levadura y el azúcar. Deje reposar 5 minutos, hasta que espume. Pase a un procesador de alimentos, añada la sal, aceite de oliva y 3 tazas de harina. Procese durante 2 ó 3 minutos, hasta que se forme una bola. Si la pasta está demasiado pegajosa, añada un poco más de harina. O, si lo desea, mezcle en una batidora fija o en un tazón con una cuchara de madera.

Coloque la pasta sobre una superficie enharinada y amase cerca de 7 minutos, hasta que esté tersa y elástica. Coloque la masa en un tazón aceitado, voltee para cubrir y tape con una toalla húmeda. Deje esponjar en un lugar cálido cerca de 1½ hora, hasta que duplique su tamaño

Para la cubierta: Derrita la mantequilla con el aceite de oliva en una olla grande y gruesa sobre fuego medio. Añada la mitad de la cebolla y los chalotes. Espolvoree con la mitad del azúcar y ½ cucharadita de sal. Agregue las cebollas y los chalotes restantes, azúcar restante y otra ½ cucharadita de sal. Tape, reduzca el fuego a bajo y cocine cerca de 20 minutos a fuego bajo, hasta que los vegetales se hayan suavizado y empiecen a soltar su humedad. Destape, suba el fuego a medio y mezcle. Cocine cerca de 15 minutos, moviendo ocasionalmente, hasta que los vegetales se empiecen a dorar y a suavizar. Suba el fuego a alto y cocine cerca de 10 minutos, moviendo constantemente, hasta que tomen un color dorado profundo. Agregue el vino y mezcle raspando la base para levantar los trocitos dorados y cocine cerca de 5 minutos, hasta que el vino se haya evaporado.

Precaliente el horno a 260ºC (500ºF). Ponche la pasta y deje reposar 15 minutos. Pase a una superficie enharinada, aplane con sus manos y extienda hasta formar un rectángulo de 35 x 45 cm (14 x 18 in). Espolvoree un molde del mismo tamaño con polenta y coloque la pasta en él, presionándola sobre la orilla del molde. Rocíe con 1 cucharada de aceite de oliva. Extienda la cubierta uniformemente sobre la pasta. Hornee 12 ó 15 minutos, hasta que la orilla esté dorada y crujiente. Retire del horno y espolvoree con orégano y el aceite de oliva restante. Cubra con queso parmesano y aceitunas. Sirva caliente o a temperatura ambiente cortada en cuadros.

2½ horas de preparación
65 minutos de cocción
8 ó 12 porciones

ensalada de nectarinas blancas y menta

Corte las nectarinas en rebanadas delgadas y coloque en un tazón. Rocíe con jugo de limón, menta o hierbabuena fresca picada y miel de abeja. Mezcle y deje reposar a temperatura ambiente aproximadamente 5 minutos. Sirva en tazones pequeños decorando con las hojas de menta.

hongos portobello asados

Mezcle hongos portobello con aceite de oliva, ajo picado y perejil picado. Ase con los laminillas hacia arriba, cerca de 4 minutos, hasta que se doren. Voltee y ase por el otro lado durante un minuto. Corte en trozos y mezcle con hierbas de canónigo y hojuelas de queso parmesano.

unto de pasas y dátiles sobre pan de centeno

Haga un unto de dátiles picados y uvas pasas doradas (sultanas) finamente picadas con el queso crema necesario para solamente mantenerlo unido. Añada leche si fuera necesario para hacerlo más terso. Cubra triángulos de pan de centeno con el unto y decore con una mitad de dátil.

ensalada de jícama

Pele la jícama con un cuchillo mondador o un pelador de verduras y corte en tiras delgadas. Rocíe con un poco de jugo de limón, cubra con queso feta desmoronado y espolvoree con chile en polvo al gusto. Mezcle para cubrir antes de servir.

ceviche de camarón y jícama

250 g (½ lb) de camarones (langostinos), sin cáscara

½ taza (125 ml/4 fl oz) de jugo de limón (aproximadamente 8 limones)

2 tazas (250 g/8 oz) de jícama, sin piel y partida en cubos

¼ taza (10 g/⅓ oz) de cilantro fresco, finamente picado

2 cucharadas de cebolla morada

1 ó 2 chiles serranos, sin semillas y finamente picados

Totopos, para acompañar

En un tazón mezcle los camarones con la mitad del jugo de limón y deje reposar aproximadamente 15 ó 20 minutos, volteando continuamente, hasta que los camarones se opaquen. Retire, coloque en una tabla y pique los camarones toscamente.

Coloque los camarones picados en un tazón con el jugo de limón restante, jícama, cilantro, cebolla, chiles y ½ cucharadita de sal. Mezcle bien.

Divida entre 4 platos fríos y acompañe con totopos.

30 minutos de preparación

4 porciones

sopa de champiñón al jerez

1 cucharada de mantequilla

1 cucharada de chalotes, finamente picados

1 cucharada de hongos porcini secos, desmoronados

¼ taza (60 ml/ 2 fl oz) de jerez seco, más 2 cucharadas

4 tazas (1 l/32 fl oz) de caldo de res bajo en sodio

500 g (1 lb) de botones de champiñones, finamente rebanados

1 cucharadita de tomillo fresco, finamente picado

1 cucharada de perejil fresco, finamente picado

En una olla sobre fuego medio derrita la mantequilla y saltee el chalote cerca de 1 minuto, hasta que esté traslúcido. Añada los hongos porcini, ¼ taza de jerez y 1 taza (250 ml/8 fl oz) de caldo de res. Lleve a ebullición sobre fuego medio-alto. Reduzca el fuego a medio-bajo y hierva a fuego lento aproximadamente 30 minutos, hasta reducir a ⅓ taza (80 ml/3 fl oz).

Cuele a través de un colador de malla fina colocado sobre una sartén limpia y deseche los hongos porcini y el chalote. Agregue ⅔ taza (160 ml/5 fl oz) de agua, el caldo restante y ¼ cucharadita de sal a la sartén y hierva. Reduzca el fuego a bajo y hierva a fuego lento durante 5 minutos. Reserve 12 rebanadas de los champiñones frescos más bonitos para adornar. Añada los champiñones restantes al caldo y hierva a fuego lento durante 10 minutos. Incorpore 2 cucharaditas de jerez y el tomillo. Pruebe y rectifique la sazón.

Usando un cucharón sirva en tazones precalentados, decore cada uno con 3 rebanadas de champiñón y espolvoree con perejil. Sirva de inmediato.

15 minutos de preparación

55 minutos de cocción

4 porciones

tortitas de maíz blanco
con crème fraîche

Granos de 4 mazorcas de maíz blanco

¼ taza (30 g/1 oz) de chalotes, finamente picados

1 taza (155 g/5 oz) de harina de trigo (simple)

2 huevos, batidos

¼ taza (60 g/2 oz) de crème fraîche, más la necesaria para la cubierta

3 cucharaditas de mantequilla

2 cucharadas de aceite de oliva extra virgen

Cebollín fresco cortado, para decorar

En un tazón mezcle los granos de elote, chalotes, harina, huevos, crème fraîche, ½ cucharadita de sal y ½ cucharadita de pimienta. Bata hasta integrar por completo.

Derrita 1 cucharadita de mantequilla con 1 cucharada de aceite de oliva en una sartén sobre fuego medio-alto. Agregue cucharadas copeteadas de pasta en la sartén dejando una separación de 6 cm (2½ in) entre ellas. Presione cada una con una espátula de metal para dejarlas de escasos 12 mm (½ in) de grueso. Fría 3 ó 4 minutos de cada lado, hasta dorar. Pase a toallas de papel a escurrir, mantenga calientes en un horno a temperatura baja (65ºC/150ºF). Repita la operación con la pasta restante, agregando mantequilla y aceite conforme sea necesario y reduciendo el fuego a medio si se llegaran a dorar demasiado rápido.

Sirva de inmediato cubriendo con la crème fraîche y espolvoreando con el cebollín.

15 minutos de preparación

30 minutos de cocción

6 porciones (18 tortitas)

crostini con higos y
queso camembert

185 g (6 oz) de queso camembert

6 u 8 higos dorados, como el turkey, Kalmyrna o Brunswick

12 rebanadas delgadas de baguette

1 cucharada de tomillo fresco, finamente picado

Corte el queso camembert en rebanadas delgadas y deje reposar a temperatura ambiente durante 30 minutos. Retire el tallo de los higos y corte longitudinalmente en rebanadas delgadas. Tueste las rebanadas de baguette en un tostador o en una charola para hornear en el horno precalentado de 180ºC (350ºF) cerca de 5 minutos, hasta dorar. Retire del horno y deje enfriar.

Coloque una o dos rebanadas de queso sobre cada rebanada de baguette, untando el queso con un cuchillo. Cubra cada una con varias rebanadas de higo y espolvoree con tomillo.
Sirva a temperatura ambiente.

35 minutos de preparación

8 minutos de cocción

4 porciones (12 crostini)

toronja papayas piñas

chabacanos peras amarillas calabazas

pérsimos duraznos naranjas chinas

colinabo betabeles dorados zanahorias

manzanas amarillas kiwis dorados

limones naranjas navel mangos

Amarillo y anaranjado

Las zanahorias, desde luego, son las clásicas verduras "saludables" por su bien documentado papel como un contribuyente para una buena visión. Pero muchos otros miembros del grupo de frutas y verduras de color amarillo y anaranjado, incluyendo los camotes dulces, calabazas de verano y cítricos, también ofrecen las vitaminas, minerales y antioxidantes esenciales, además de una agradable apariencia, como si fueran unas alhajas en el plato.

Este gran grupo de frutas y verduras del color del arco iris incluye las conocidas naranjas y las manzanas amarillas así como los betabeles dorados y pérsimos que son menos conocidos. Además usted puede comer de este grupo en todas las estaciones, deleitándose en el verano con el elote amarillo, suculentas peras en el otoño y en los meses fríos con las aterciopeladas calabazas de invierno.

Los miembros de este grupo de color son altos en nutrientes así como en sabor, brindándonos su intensidad en las entradas como en la Ensalada de Betabel y Jitomates Pera Amarillos (página 86), Sopa de Zanahoria con Jengibre Fresco (página 75), Bruschetta de Durazno y Prosciutto (página 76). Pruebe la Ensalada de Pérsimo y Manzana Amarilla (página 76) para alegrar una comida en el invierno, o los Budines de Elote con Cubierta de Langosta (página 79) para empezar una fiesta en una noche del verano.

Los grandiosos colores de este grupo son bienvenidos especialmente en las ensaladas: La toronja amarilla con pistaches verdes logran una combinación agradable y las naranjas chinas rebanadas añaden estilo a una ensalada de lechugas tiernas y hierbas frescas.

PRIMAVERA	VERANO	OTOÑO	INVIERNO
camotes	calabaza amarilla de verano	betabeles dorados	betabeles dorados
kiwis dorados	chabacanos	calabaza	calabaza
limones	duraznos	calabaza anaranjada de invierno	calabaza anaranjada de invierno
mangos	frambuesas doradas	camotes	camotes
naranjas chinas	jitomates amarillos	colinabo	colinabo
naranjas navel y mandarinas	maíz	chabacanos secos	chabacanos secos
papas amarillas	mangos	limones	limones
papayas	melón anaranjado	manzanas amarillas	manzanas amarillas
piñas	naranjas Valencia	naranjas navel y mandarinas	naranjas chinas
toronja	nectarinas	papas amarillas	naranjas navel y mandarinas
zanahorias	papayas	peras amarillas	peras amarillas
	pimientos amarillos	pérsimos	papas amarillas
	piñas	pimientos amarillos	toronja
			zanahorias

sopa de zanahoria
con jengibre fresco

2 cucharaditas de aceite de oliva extra virgen, más 1 cucharada

1 cucharada de ralladura de naranja

1 cucharadita de jengibre fresco, finamente rebanado

2 cucharadas de chalote, finamente picado

500 g (1 lb) de zanahorias, sin piel y cortadas en trozos de 2.5 cm (1 in)

2 tazas (500 ml/16 fl oz) de caldo de pollo bajo en sodio

En un tazón pequeño mezcle 2 cucharadas de aceite de oliva con la ralladura de naranja. Reserve.

En una olla sobre fuego medio caliente la cucharada restante de aceite. Agregue el jengibre y saltee cerca de 2 minutos, hasta que esté dorado. Retire con una cuchara ranurada y reserve. Añada el chalote y saltee cerca de 2 minutos, hasta que esté traslúcido. Incorpore las zanahorias y lentamente agregue el caldo de pollo, mezclando bien. Incorpore ½ cucharadita de sal. Hierva, reduzca el fuego a medio, tape y hierva a fuego lento 20 ó 25 minutos, hasta que las zanahorias se sientan suaves al picarlas con un tenedor.

Pase a una licuadora y haga un puré terso. Añada 1 cucharadita de pimienta. Pruebe y rectifique la sazón. Regrese el puré a la olla. Caliente sobre fuego medio-alto. Divida entre tazones precalentados. Rocíe ½ cucharadita del aceite de oliva con infusión de naranja sobre cada tazón y decore con ¼ cucharadita del jengibre frito.

10 minutos de preparación

35 minutos de cocción

4 porciones

ensalada de melón cantaloupe
y queso feta

2 melones cantaloupe

¼ taza (10 g /⅓ oz) de cilantro fresco, finamente picado, más ramas para decorar

¼ taza (60 ml/2 fl oz) de jugo de limón

½ cup (75 g/ 2½ oz) de queso feta, desmoronado

2 cucharaditas de chipotle u otro chile en polvo

Corte cada melón longitudinalmente a la mitad y, usando una cuchara grande, retire las semillas. Corte cada mitad en rebanadas de 2.5 cm (1 in) de grueso y retire la cáscara.

Acomode las rebanadas de melón en un platón de servicio, espolvoree con cilantro picado y rocíe con jugo de limón. Espolvoree con el queso feta desmoronado y el chile en polvo. Decore con las ramas de cilantro y sirva.

15 minutos de preparación

4 ó 6 porciones

ensalada de pérsimo
y manzana amarilla

2 pérsimos Fuyu

2 manzanas amarillas como la Golden Delicious, con piel

2 cucharaditas de jugo de limón

2 cucharadas de nueces, finamente molidas

1½ cucharada de vinagre de jerez

2 cucharadas de aceite de nuez o de oliva extra virgen

¼ cucharadita de azúcar

Corte los pérsimos longitudinalmente a la mitad, retire las semillas con una cuchara y corte las mitades en cubos de 12 mm (½-in) Retire el corazón de las manzanas con un descorazonador o un pequeño cuchillo filoso y corte en rebanadas de 6 mm (¼ in) de grueso.

Mezcle los cubos de pérsimo con las rebanadas de manzana en un tazón y rocíe con jugo de limón. Mezcle bien y reserve.

En un tazón grande mezcle la nuez molida, vinagre, aceite, ½ cucharadita de sal, ¼ cucharadita de pimienta y azúcar. Mezcle hasta integrar por completo. Agregue los pérsimos y manzanas al tazón y mezcle.

Sirva de inmediato en platos de ensalada fríos.

10 minutos de preparación

4 porciones

bruschetta de durazno
y prosciutto

8 rebanadas de baguette

1 cucharada de aceite de oliva

3 duraznos

4 rebanadas delgadas de prosciutto, partidas longitudinalmente a la mitad

Precaliente el horno a 180ºC (350ºF).

Barnice ambos lados de las rebanadas de baguette con aceite de oliva y coloque en una charola para hornear. Hornee cerca de 5 minutos, hasta que estén ligeramente doradas. Voltee y hornee cerca de 3 minutos por el segundo lado, hasta que estén ligeramente doradas. Retire del horno y reserve.

Sumerja los duraznos en agua hirviendo durante 30 segundos. Desprenda la piel. Corte a la mitad y retire la semilla. Usando un cuchillo muy filoso, corte los duraznos en rebanadas delgadas. Acomode las rebanadas de durazno en una sola capa apretada sobre cada pan tostado. Pliegue media rebanada de prosciutto sobre cada una y sirva

15 minutos de preparación

8 minutos de cocción

6 u 8 porciones (8 rebanadas)

budines de elote
con cubierta de langosta

1 cola de langosta, descongelada

2 rebanadas de tocino

½ cebolla, finamente picada

1 tallo de apio, finamente picado

2¼ tazas (18 fl oz/560 ml) de leche entera o baja en grasa

Granos de elote cortados de 3 mazorcas de maíz amarillo, reservando las mazorcas

4 huevos

Eneldo fresco, para decorar

Cocine la langosta en una olla grande con agua hirviendo cerca de 15 minutos, hasta que la carne esté totalmente opaca. Pase a un tazón con agua con hielo durante 10 minutos. Retire el caparazón y resérvelo. Corte la carne transversalmente en círculos delgados. Reserve los 4 círculos más bonitos y pique el resto. Reserve.

Precaliente el horno a 165ºC (325ºF). En una olla grande cocine el tocino sobre fuego medio cerca de 5 minutos para retirar su grasa. Usando una cuchara ranurada retire el tocino (para otro uso). Añada la cebolla y el apio a la grasa del tocino y saltee cerca de 2 minutos, hasta que esté traslúcido. Agregue la leche, mazorcas reservadas, caparazón de langosta, 1 cucharadita de sal y ½ cucharadita de pimienta. Tape, reduzca el fuego a medio-bajo y deje cocer a fuego lento durante 15 minutos. Retire el caparazón de la langosta y las mazorcas de maíz. Incorpore los granos de elote, suba el fuego a medio y cocine durante 5 minutos. Usando una licuadora regular o una de inmersión licúe para hacer un puré grueso. Bata los huevos en un tazón grande sólo hasta mezclar. Gradualmente integre, batiendo, a la mezcla de leche.

Engrase con mantequilla 4 ramekins o refractarios individuales con capacidad de 180 ml (6 fl oz). Coloque en una charola para asar y rellene los refractarios con la mezcla de budín hasta 12 mm (½ in) de la orilla. Coloque la charola en el horno precalentado y vierta agua muy caliente (pero no hirviendo) a la charola hasta que cubra la mitad de los lados de los refractarios. Hornee cerca de 40 minutos, hasta que sólo el centro de los budines se mueva cuando se agiten. Retire del horno y deje que los budines permanezcan en la charola con agua caliente durante 10 minutos. Retire de la charola y pase un cuchillo alrededor de las orillas de cada budín para desprenderlos.

Coloque un plato pequeño sobre un refractario sosteniendo el plato y el refractario firmemente en su lugar, invierta ambos y levante el refractario. Repita la operación con los demás budines. Salpique cada budín con un poco de la langosta picada y cubra con una rebanada de langosta. Sirva calientes o a temperatura ambiente decorando con el eneldo.

40 minutos de preparación

1 hora y 10 minutos de cocción, más 10 minutos de reposo

4 porciones

licuado de pérsimo

Congele un pérsimo Hachiya durante
toda la noche. Parta a la mitad y saque
la carne. Mezcle con jugo de naranja y
yogurt natural para preparar un licuado.
Decore con canela molida y pimienta de
jamaica.

salteado de calabacitas amarillas

Corte calabacitas amarillas (courgettes)
longitudinalmente en rebanadas
delgadas. Saltee en aceite de oliva con
ajo picado hasta que estén ligeramente
doradas. Sazone con sal y pimienta al
gusto. Decore con perejil y estragón
frescos picados. Sirva calientes o frías.

ensalada de naranja china

Mezcle rebanadas delgadas de naranja china con una mezcla de perejil picado y hojas de lechuga francesa (Boston). Aderece con una vinagreta ligera preparada con aceite de oliva extra virgen y vinagre de champaña.

ensalada de zanahoria sazonada

Pele y ralle las zanahorias. Prepare una vinagreta con aceite de oliva extra virgen y vinagre de vino tinto, mostaza Dijon y un poco de sal y pimienta. Mezcle las zanahorias con la vinagreta y decore con perejil fresco finamente picado y cebollitas de cambray picadas.

linguine al limón con queso pecorino

375 g (¾ lb) de linguini

2 cucharadas de aceite de oliva extra virgen

Ralladura de 1 limón

1 cucharadita de jugo de limón

¼ taza (10 g /⅓ oz) de perejil fresco, finamente picado

60 ó 90 g (2-3 oz) de queso pecorino

En una olla grande con agua hirviendo con sal cocine la pasta cerca de 10 minutos, hasta que esté tierna pero firme. Escurra.

Pase la pasta a un platón de servicio precalentado y añada el aceite de oliva, ½ cucharadita de sal, ½ cucharadita de pimienta, la ralladura y el jugo de limón y la mitad del perejil. Mezcle para cubrir. Usando un pelador de verduras rasure el queso pecorino en rebanadas muy delgadas. Reserve 3 ó 4 rebanadas de queso y añada las demás a la pasta y mezcle hasta integrar. Decore con el perejil y el queso restante. Sirva caliente.

10 minutos de preparación

10 minutos de cocción

4 porciones

gazpacho amarillo

750 g (1½ lb) de jitomates amarillos maduros, sin piel

1½ pepino

1 pimiento (capsicum) amarillo

2 cucharaditas de jugo de limón

1 cucharada de aceite de oliva extra virgen

1 diente de ajo, finamente picado

Acompañamientos

1 taza (45 g /1½ oz) de croutones (pan en cubos)

½ pepino, sin piel ni semillas y picado

1 jitomate amarillo grande muy maduro, sin piel y picado

⅓ taza (15 g /½ oz) de cilantro fresco, picado

Lleve a ebullición agua en una olla grande. Haga un corte en cruz en la base de cada jitomate y sumerja en el agua hirviendo, 2 ó 3 al mismo tiempo, sólo hasta que la piel empiece a enchinarse, cerca de 30 segundos. Retire los jitomates con una cuchara ranurada y pele. Pique toscamente.

Pele, retire las semillas y pique toscamente los pepinos, retire las semillas del pimiento y pique toscamente.

Coloque las verduras en un procesador de alimentos o una licuadora con el jugo de limón y el aceite de oliva. Procese hasta mezclar dejando ligeramente grueso. Vacíe en un tazón no reactivo e incorpore el ajo, ½ cucharadita de sal y 1 cucharadita de pimienta. Tape y refrigere por lo menos 6 horas o durante toda la noche. Pruebe y rectifique la sazón, añadiendo hasta ½ cucharadita de sal si lo llegara a necesitar.

Sirva la sopa bien fría con los acompañamientos.

20 minutos de preparación, más de 6 a 12 minutos para enfriar

4 porciones

frittata de pimiento anaranjado con tomillo fresco

6 huevos

2 cucharadas de leche entera o baja en grasa

¼ taza (30 g/1 oz) de queso parmesano, rallado

1 cucharada de mantequilla

1 cucharada de aceite de oliva

¼ cebolla, finamente picada

1 pimiento (capsicum) anaranjado, sin semillas y finamente picado

1 cucharada de tomillo fresco, finamente picado

1 cucharada de aceite de oliva extra virgen

En un tazón bata los huevos con la leche y el queso. Sazone con ¾ cucharadita de sal y ½ cucharadita de pimienta. Reserve.

Derrita la mantequilla con el aceite de oliva en una sartén de 25 cm (10 in) sobre fuego medio-alto. Agregue la cebolla y el pimiento. Saltee durante 2 minutos, hasta que la cebolla esté traslúcida. Baje el fuego a medio y cocine cerca de 10 minutos, hasta que el pimiento esté suave. Vierta la mezcla de huevos sobre los vegetales. Reduzca el fuego a bajo y cocine 3 ó 4 minutos, hasta que los huevos estén firmes alrededor de las orillas. Levante las orillas de los huevos con una espátula y ladee la sartén para permitir que los huevos crudos corran por debajo. Cocine cerca de 5 minutos más, hasta que los huevos estén casi cuajados.

Coloque un plato invertido sobre la sartén, firmemente sostenga el plato y la sartén juntos con guantes térmicos e invierta. Resbale la frittata otra vez hacia la sartén con el lado cocido hacia arriba. Cocine durante uno o dos minutos más. Coloque un platón de servicio invertido sobre la sartén e invierta como lo hizo anteriormente. Espolvoree con tomillo. Sirva caliente o a temperatura ambiente. Corte en rebanadas, rocíe con aceite de oliva extra virgen, sazone al gusto y sirva.

15 minutos de preparación
30 minutos de cocción
4 porciones

canapés de chabacanos secos

16 rebanadas delgadas de pan baguette

185 g (6 oz) de queso fontina, finamente rebanado

¾ taza (125 g/4 oz) de chabacanos secos, picados

⅓ taza (60 g/2 oz) de piñones, tostados (vea página 121) y picados

Precaliente el horno a 200°C (400°F).

Coloque el queso sobre las rebanadas de baguette y ponga sobre una charola para hornear. Hornee de 7 a 10 minutos, hasta que el queso se haya derretido.

Retire las rebanadas de baguette del horno y pase a un platón de servicio. Cubra con algunos chabacanos y piñones, presionando las cubiertas con sus dedos para fijarlos. Sirva de inmediato.

10 minutos de preparación
10 minutos de cocción
4 ó 5 porciones

ensalada de toronja, pollo y pistache

2 tazas (500 ml/16 fl oz) de vino blanco seco

2 cucharadas de vinagre de vino blanco

1 cucharadita de granos de pimienta entera

2 medias pechugas de pollo, deshuesadas y sin piel

2 toronjas, sin piel ni semillas, en gajos (vea la página 103)

½ taza (60 g/2 oz) de pistaches sin sal, tostados (vea página 121)

¼ taza (60 ml/2 fl oz) de mayonesa

1 cucharadita de mostaza Dijon

2 cucharadas de cilantro fresco, finamente picado

El jugo de 1 limón

4 hojas de lechuga orejona (cos)

Páprika, para espolvorear

En una olla poco profunda mezcle el vino, 2 tazas (500ml/16 fl oz) de agua, vinagre, 1 cucharadita de sal y los granos de pimienta. Hierva sobre fuego medio-alto. Reduzca el fuego a bajo y hierva a fuego lento durante 5 minutos. Añada el pollo, tape y cueza al vapor de 6 a 8 minutos, hasta que esté opaco. Retire el pollo del líquido y deje enfriar 5 minutos, pique en cubos.

Corte los gajos de toronja transversalmente a la mitad. Coloque en un tazón con el pollo y la mitad de los pistaches. Añada la mayonesa, mostaza, cilantro, jugo de limón, ½ cucharadita de sal y ¼ cucharadita de pimienta y mezcle bien.

Divida la lechuga entre 4 platos para ensalada. Rellene cada hoja con ensalada de pollo, espolvoree con páprika y decore con los pistaches restantes.

Sirva de inmediato.

20 minutos de preparación
8 minutos de cocción
4 porciones

ensalada de betabel y jitomates pera amarillos

4 betabeles dorados, sus tallos recortados a 5 cm (2 in)

2 cucharaditas de aceite de oliva extra virgen, más ¼ taza (60 ml/2 fl oz)

20 hojas de albahaca morada o verde

250 g (½ lb) de queso mozzarella, cortado en rebanadas de 6 mm (¼ in) de grueso

2 tazas (375 g/12 oz) de jitomates pera amarillos, partidos longitudinalmente a la mitad

1 cucharada de vinagre de jerez

Precaliente el horno a 180ºC (350ºF).

Barnice los betabeles con 2 cucharaditas de aceite de oliva y coloque en un refractario.

Hornee cerca de 1 hora, hasta que se puedan picar con un tenedor. Retire del horno y deje enfriar. Pele y corte en rebanadas de 6 mm (¼ in) de grueso. Trocee las hojas grandes de albahaca y deje las chicas enteras.

Sobreponga los betabeles y el queso en un platón de servicio acomodándolos en una sola capa. Cubra con los jitomates, espolvoree con ½ cucharadita de sal y ½ cucharadita de pimienta. Introduzca hojas de albahaca entre las capas, rocíe con vinagre y ¼ taza de aceite de oliva y sirva.

20 minutos de preparación
1 hora de cocción
6 porciones

ruibarbo   arándanos   cebollas   rojas

LAS   FRUTAS   Y   VERDURAS   ROJAS   PROPORCIONAN

toronja roja rábanos betabeles

ANTIOXIDANTES PARA PROTEGER Y CURAR • PROMUEVEN LA

cerezas   sandía   ciruelas   rojas

SALUD DEL CORAZÓN • FAVORECEN LA SALUD DE LAS VÍAS

jitomates   peras   rojas   frambuesas

URINARIAS • AYUDAN A REDUCIR EL RIESGO DE CIERTOS TIPOS DE

granadas   rojas   pimientos   rojos

CÁNCER • MEJORAN LA MEMORIA LAS FRUTAS Y VERDURAS ROJAS

radicho   fresas   membrillos

PROPORCIONAN ANTIOXIDANTES PARA PROTEGER Y SANAR

Rojo

Las brillantes frutas y verduras de color rojo añaden emoción a cualquier platillo, además de ser una forma especial de llamar la atención para iniciar una comida. El intenso color de este grupo se complementa con el intenso sabor de varias frutas favoritas como las cerezas y fresas, así como la gran variedad de verduras que van desde los amargos rábanos hasta los betabeles dulces. Este capítulo ofrece una gran variedad de formas interesantes para añadir más color rojo a su mesa.

Las frutas y verduras de color rojo se encuentran entre los productos agrícolas con más alto nivel de antioxidantes, siendo los principales los arándanos, fresas y frambuesas seguidos muy de cerca por las cerezas y uvas rojas. Los betabeles rojos y los pimientos rojos no son solamente adiciones deliciosas para sopas y ensaladas sino que también son ricos en vitaminas y minerales.

Cuando usted empieza una comida con los Canapés con Mermelada de Cebolla Roja y Carne de Puerco (página 94), Sopa de Jitomate Asado con Albahaca (página 100) o Ensalada de Toronja y Granada Roja (página 103), usted estará consintiendo sus sentidos al igual que ayudándose a sí mismo (y a su familia o invitados) a mantenerse sanos integrando a sus comidas con vitamina C y otros nutrientes.

Este capítulo incluye un manojo de refrescantes e interesantes entradas, como el Pan Tostado con Queso Gouda y el Chutney de Ruibarbo (página 103), una perfecta adición para una cena buffet, y una Ensalada de Manzana Roja, Nueces y Queso Stilton (página 93), una entrada ligera para cualquier comida invernal. Es fácil dar esplendor a su paladar y a su día con un destello del saludable color rojo.

PRIMAVERA	VERANO	OTOÑO	INVIERNO
betabeles	cerezas	arándanos	arándanos
cebollas rojas	cebollas rojas	betabeles	betabeles
fresas	ciruelas rojas	ciruelas rojas	granada roja
naranjas sangría	chiles rojos	chiles rojos	manzanas rojas
papas rojas	frambuesas	frambuesas	membrillos
rábanos	fresas	granada roja	naranjas sangría
radicha	jitomates	manzanas rojas	papas rojas
ruibarbo	pimientos rojos	membrillos	rábanos
toronja rosa o roja	rábanos	papas rojas	radicha
	ruibarbo	peras rojas	toronja rosa o roja
	sandía	pimientos rojos	uvas rojas
		uvas rojas	

ensalada de trucha ahumada con aderezo de naranja sangría

¾ taza (180 ml/6 fl oz) de jugo de naranja sangría (aproximadamente de 3 naranjas), más 1 naranja sangría en gajos (vea página 103)

¼ taza (60 ml/2 fl oz) de jugo de limón

1 cucharada de aceite de oliva extra virgen

1 cucharadita de chalote, picado

2 manojos de berros, sin tallo, aproximadamente 4 taza (125 g/4 oz)

155 g (½ lb /5 oz) de trucha ahumada

En una olla sobre fuego medio mezcle el jugo de naranja con el de limón y hierva. Cocine hasta reducir a ½ taza (125 ml/4 fl oz) aproximadamente. Retire del fuego y deje enfriar. Integre el aceite de oliva y el chalote para preparar un aderezo. Sazone al gusto con sal y pimienta.

Coloque los berros en un tazón y bañe con 2 cucharadas de aderezo. Mezcle para cubrir. Divida los berros uniformemente entre tazones o platos individuales. Trocee la trucha y acomode sobre los berros. Rocíe cada porción con un poco de aderezo. Decore cada plato con uno o dos gajos de naranja y sirva de inmediato.

Nota: Si no encuentra naranjas sangría, sustituya por naranjas navel y utilice vinagre de frambuesa en vez de jugo de limón.

10 minutos de preparación
5 minutos de cocción
4 porciones

ensalada de manzana roja, nueces y queso stilton

4 manzanas rojas, sin pelar

1 taza (30 g/1 oz) de hortalizas verdes mixtas

2 cucharadas de mayonesa

1 cucharada de leche entera o baja en grasa

1 cucharadita de jugo de limón

½ cucharadita de azúcar

60 g (2 oz) de queso Stilton, rebanado, a temperatura ambiente

½ taza (60 g/2 oz) de trozos de nuez de castilla, tostados (vea página 121)

Corte las manzanas a la mitad y descorazone con un cuchillo filoso. Corte en rebanadas delgadas. Divida las hortalizas entre 4 platos de ensalada y acomode las manzanas sobre ellas.

En un tazón pequeño mezcle la mayonesa con la leche, jugo de limón, azúcar y ¼ cucharadita de sal para preparar un aderezo. Rocíe sobre las hortalizas y manzanas. Cubra con las rebanadas de queso Stilton, espolvoree con la nuez y sirva.

15 minutos de preparación
4 porciones

canapés con mermelada de cebolla roja y carne de puerco

2 cucharadas de mantequilla

3 cucharadas de aceite de oliva

2 cebollas rojas, finamente picadas

¼ taza (60 ml/2 fl oz) de Cognac o brandy

¼ taza (60 ml/2 fl oz) de vinagre de vino tinto

¼ taza (60 g/oz) compacta de azúcar mascabado

3 cucharaditas de tomillo fresco, finamente picado

1 filete de puerco de aproximadamente 375 g (¾ lb)

15 rebanadas de pan baguette de 6 mm (¼ in) de grueso

En una olla sobre fuego medio-alto derrita la mantequilla con 2 cucharadas de aceite de oliva. Agregue la cebolla y saltee aproximadamente 2 minutos, hasta que esté casi suave. Añada el Cognac, vinagre, azúcar y 1 cucharadita de tomillo, mezclando cerca de 2 minutos, hasta que se disuelva el azúcar. Reduzca el fuego a bajo, tape y hierva aproximadamente 30 minutos a fuego lento, hasta que la mezcla esté pegajosa y casi seca. Si el líquido se evapora antes de que las cebollas estén cocidas, agregue un poco de agua. Retire del fuego y reserve.

Precaliente el horno a 230ºC (450ºF).

Sazone el puerco con 1 cucharadita de sal, 1 cucharadita de pimienta y el tomillo restante. En una sartén sobre fuego medio-alto caliente el aceite de oliva restante. Dore el puerco por todos lados, 4 ó 5 minutos. Coloque la sartén en el horno y ase el puerco 12 ó 15 minutos, hasta que un termómetro de lectura instantánea insertado en el centro de la carne registre 65ºC (150ºF). Pase a una tabla para picar, tape holgadamente con papel aluminio y deje reposar 5 minutos.

Corte el puerco en rebanadas delgadas. Cubra cada rebanada de pan con un poco de mermelada de cebolla y cubra con una rebanada de puerco. Sirva.

15 minutos de preparación

1 hora de cocción

4 ó 6 porciones
(12 ó 15 canapés)

uvas con roquefort y cubierta de almendras

½ taza (60 g/ 2 oz) de almendras crudas o blanqueadas, tostadas (vea página 121)

125 g (4 oz) de queso Roquefort, a temperatura ambiente

2 ó 3 cucharadas de leche entera o baja en grasa

20 uvas rojas sin semilla

Ramas de perejil, para decorar (opcional)

En una licuadora o procesador de alimentos licue las almendras hasta obtener una textura media-fina. Extienda en un plato y reserve.

Coloque el queso en un tazón y machaque con un tenedor. Añada la leche y mezcle hasta obtener una pasta untable. Usando sus dedos cubra cada uva con una capa de queso y revuelque en las almendras para cubrir. Acomode las uvas en un platón, decore con perejil y sirva.

Nota: Si usted lo desea, sirva las uvas cubiertas intercaladas con otras sin cubrir.

20 minutos de preparación
4 porciones

tortitas de betabel rojo con yogurt y eneldo

4 betabeles rojos

2 huevos, batidos

½ taza (75 g /2½ oz) de harina de trigo (simple)

2 cucharadas de aceite de canola

¾ taza (185 g/6 oz) de yogurt natural entero o bajo en grasa

½ taza (15 g /½ oz) de ramas de eneldo fresco, para decorar

Pele los betabeles usando un pequeño cuchillo filoso o un pelador de verduras y ralle usando un rallador manual. En un tazón mezcle los betabeles rallados, huevos, harina, ½ cucharadita de sal y ½ cucharadita de pimienta hasta obtener una pasta.

Caliente 2 cucharaditas de aceite en una sartén antiadherente sobre fuego medio-alto y agregue cucharadas copeteadas de pasta, dejando una separación de 7.5 cm (3 in) entre ellas. Presione con una espátula de metal y cocine 2 ó 3 minutos por cada lado, hasta dorar ligeramente. Pase a un platón cubierto con toallas de papel y mantenga calientes en un horno a temperatura baja 65ºC (150ºF). Repita la operación cocinando la pasta restante. Sirva de inmediato cubriendo con yogurt y eneldo fresco.

15 minutos de preparación
20 minutos de cocción
5 ó 6 porciones
(16 ó 20 tortitas)

ensalada de fresa y cereza

Mezcle cerezas frescas partidas a la mitad sin hueso y fresas frescas descorazonadas partidas a la mitad con espinaca miniatura fresca; rocíe con vinagreta de jugo de naranja. Decore con avellanas (filberts) sin piel, tostadas y picadas o nuez tostada, si lo desea.

granada roja asada

Ase una granada roja en un horno precalentado a 200ºC (400ºF) 20 ó 25 minutos, hasta que esté bien cocida. Parta a la mitad y rocíe con jugo de limón, aceite de oliva extra virgen y miel de abeja. Espolvoree con sal y menta o hierbabuena fresca finamente picada.

radicha asada
con salsa de anchoa

Corte la radicha en cuartos. Rocíe con
aceite de oliva y espolvoree con tomillo
fresco finamente picado, sal y pimienta.
Ase hasta dorar por cada lado. Saltee
filetes de anchoa en aceite de oliva,
machacando para preparar una salsa.
Coloque a cucharadas sobre la radicha.

spritzer de granada roja

Mezcle jugo de la granada roja y sus
semillas con hielo picado y un poco de
vino rosado ligeramente frío para hacer
un refrescante spritzer. O, añada un poco
de jugo de granada a champaña para
hacer un kir royale de granada. Disfrute
como aperitivo o como un reanimante
a media tarde.

sopa de jitomate asado con albahaca

2 kg (4 lb) de jitomates rojos maduros

125 g (4 oz) de aceitunas negras curadas en aceite, sin hueso y picadas

1 cucharadita de tomillo fresco, finamente picado

2 dientes de ajo, finamente picados

1 taza (30 g/1 oz) de hojas de albahaca frescas, más hojas de albahaca picadas para decorar

2 chalotes, finamente picados

1 cucharadita de semillas de eneldo

1 tira de ralladura de naranja de 5 cm (2 in)

1 cucharada de jugo de naranja

¼ taza (60 ml/2 fl oz) de aceite de oliva extra virgen

Precaliente el horno a 200ºC (400ºF).

Corte los jitomates transversalmente a la mitad y coloque en una charola para asar, con el corte hacia abajo. Cubra los jitomates con las aceitunas, tomillo, ajo, 1 taza de albahaca, chalotes, semillas de eneldo, ralladura de naranja, jugo de naranja ½ cucharadita de sal y ½ cucharadita de pimienta. Bañe con el aceite de oliva y ase 30 ó 40 minutos, hasta que los jitomates suelten su jugo y se marchiten.

Retire del horno y haga puré en una licuadora o procesador de alimentos. Pase la mezcla por un colador de malla fina colocado sobre una olla limpia, presionando los sólidos con el revés de una cuchara grande. Lleve a ebullición sobre fuego medio-bajo. Añada sal y pimienta al gusto y cocine cerca de 3 minutos, mezclando para fundir los sabores.

Usando un cucharón sirva en tazones precalentados y decore cada uno con albahaca picada.

15 minutos de preparación
45 minutos de cocción
4 porciones

ensalada de sandía, frambuesa y menta

4 tazas (aproximadamente 1 kg/2 lb) de sandía sin semilla, partida en cubos

⅓ taza (15 g /½ oz) de menta o hierbabuena fresca, picada, más 4 ramas para decorar

3 tazas (375 g/12 oz) de frambuesas frescas

1 cucharada de miel de abeja

2 cucharaditas de jugo de limón

Divida los cubos de sandía entre 4 tazones para ensalada. Espolvoree con gran parte de la menta picada. Cubra con cantidades uniformes de frambuesas y espolvoree con la menta picada restante.

En un tazón pequeño mezcle la miel de abeja con el jugo de limón usando un tenedor o un batidor pequeño y rocíe un poco sobre cada plato de ensalada. Decore con una rama de menta.

15 minutos de preparación
4 porciones

ensalada de toronja y granada roja

3 toronjas rosas

1 cucharada de vinagre de champaña

2 cucharadas de aceite de oliva extra virgen

1 cucharadita de azúcar

1 cucharada de perifollo, estragón o perejil fresco, finamente picado

2 tazas (60 g/2 oz) de hojas de lechuga francesa (Boston)

Semillas de 1 granada roja, aproximadamente 1 taza (125g/4 oz)

Para separar los gajos de la toronja, rebane la parte superior e inferior de la toronja para dejar la piel expuesta. Coloque la toronja verticalmente sobre una tabla de picar. Usando un cuchillo filoso para seguir la curvatura de las orillas, corte la cáscara hasta llegar a la pulpa. Sosteniendo la fruta sobre un tazón separe los gajos desprendiendo la membrana de cada lado. Exprima las membranas sobre un tazón para sacar su jugo.

En un tazón para ensalada mezcle el vinagre, aceite de oliva, azúcar, perifollo y ¼ cucharadita de sal. Desprenda las hojas de la lechuga y agregue al tazón. Añada los gajos de toronja y su jugo así como las semillas de la granada y mezcle para cubrir uniformemente. Sirva de inmediato.

10 minutos de preparación

4 porciones

pan tostado con queso gouda y chutney de ruibarbo

1 taza (220 g/7 oz) compacta de azúcar mascabado

½ taza (125 ml/4 fl oz) de vinagre de manzana

1 cucharada de ralladura de limón

3 ó 4 tallos de ruibarbo, cortados en trozos de 2.5 cm (1 in)

1 raja de canela

¼ taza (oz45 g /1½) de jengibre fresco, finamente picado

½ taza (90 g/3 oz) de uvas pasas doradas (sultanas)

¼ taza (30 g/1 oz) de nuez, picada

4 rebanadas de pan brioche u otro pan fino

60 ó 90 g (2-3 oz) de queso Gouda ahumado, finamente rebanado

Mezcle el azúcar, vinagre y ralladura de limón en una olla no reactiva y cocine cerca de 5 minutos sobre fuego bajo, moviendo hasta que el azúcar se disuelva. Agregue el ruibarbo, raja de canela y jengibre. Aumente el fuego a medio y cocine cerca de 15 minutos, moviendo continuamente, hasta que el ruibarbo se suavice. Retire la raja de canela y deseche. Añada las uvas pasas, nueces y ⅛ cucharadita de sal. Cocine aproximadamente 3 minutos. Retire del fuego y deje enfriar.

Tueste las rebanadas de pan en un tostador. Deje enfriar ligeramente y corte en triángulos. Coloque una o dos rebanadas de queso gouda sobre cada triángulo y cubra con un poco de chutney.

Nota: Usted puede almacenar el chutney sobrante en un frasco hermético en el refrigerador hasta por 2 semanas.

15 minutos de preparación

25 minutos de cocción

4 porciones

canapés de papas rojas asadas con caviar de salmón

6 papas rojas pequeñas, cada una de aproximadamente 4 cm (1½ in) de diámetro, cepilladas

1 cucharada de aceite de oliva extra virgen

2 cucharadas de crème fraîche

2 cucharaditas de caviar de salmón

2 cucharadas de cebollín fresco, picado

Unte las papas con el aceite de oliva y coloque en un refractario. Ase de 45 a 60 minutos, hasta que se puedan picar con un tenedor. Retire del horno, deje enfriar y parta a la mitad. Usando una cucharita o un cortador de melón retire el centro dejando un borde generoso de 6 mm (¼-in) Coloque la pulpa retirada en un tazón y añada ¼ cucharadita de sal, ½ cucharadita de pimienta y 1 cucharada de crème fraîche. Machaque con un tenedor.

Rellene el hueco de cada mitad de papa con la mezcla de papa. Espolvoree con sal, decore con un poco de crème fraîche y salpique con el caviar de salmón, cebollín y pimienta recién molida. Sirva calientes.

25 minutos de preparación

1 hora de cocción

4 porciones

rebanadas de radicha envueltas con prosciutto

6 cucharaditas de aceite de oliva extra virgen

1 cabeza mediana o grande de radicha

6 rebanadas delgadas de prosciutto

¼ taza (30g/1 oz) de queso parmesano, rallado

Precaliente el horno a 180ºC (350ºF).

Rocíe con 2 cucharaditas de aceite de oliva un refractario lo suficientemente grande para dar cabida holgadamente a las rebanadas de radicha.

Corte la radicha longitudinalmente en 6 rebanadas. Coloque las rebanadas de radicha en el refractario preparado y rocíe con 3 cucharaditas de aceite de oliva, volteándolas una o dos veces para cubrirlas bien. Espolvoree con ½ cucharadita de pimienta. Retire las rebanadas y envuelva cada una con una rebanada de prosciutto. Acomode las piezas envueltas una vez más en el refractario. Rocíe con el aceite de oliva restante y espolvoree con el queso. Coloque en el horno y hornee 15 ó 20 minutos, hasta que el queso se dore y la radicha se pueda picar con un tenedor. Sirva de inmediato.

10 minutos de preparación

20 minutos de cocción

4 porciones

frijol de soya arroz café garbanzos

LOS GRANOS ENTEROS, LEGUMBRES, SEMILLAS Y NUECES

nueces castañas harina de sémola

PROMUEVEN LA SALUD ARTERIAL Y DEL CORAZÓN • AYUDAN

linaza semillas de ajonjolí polenta

A REDUCIR EL RIESGO DE DIABETES • REDUCEN LA PRESIÓN

pepitas nueces de la India quinua

ARTERIAL ALTA • OFRECEN ANTIOXIDANTES PARA PROTEGER Y

trigo sarraceno nueces de macadamia

SANAR • AYUDAN A REDUCIR EL RIESGO DE UN INFARTO • PUEDEN

avellanas avena cuscús mijo

REDUCIR EL RIESGO DE CÁNCER DEL PECHO, PRÓSTATA Y COLON

Café

Este capítulo añade otro color al arco iris de la comida saludable incluyendo granos, legumbres, semillas y nueces. Sus colores pueden variar desde el rojo de los frijoles flor de mayo hasta el amarillo de los garbanzos, pero se pueden considerar como alimentos del grupo café como una forma fácil de agruparlos para servirlos y recordar así la importancia de incluir alimentos naturales y sin refinar en nuestra dieta diaria.

La mayoría de los granos sin refinar son de color café porque no se ha retirado su salvado. Esta cubierta junto con el germen rico en aceite y nutrientes es lo que hace que los granos enteros sean tan importantes en la dieta. Los granos enteros desde la cebada hasta la polenta se han puesto en boga culinaria y merecen el centro de atención debido a su agradable sabor y a las texturas que ofrecen.

Nuestra dieta moderna ha excluido a los granos enteros, pero las entradas de este capítulo le ayudarán a llevarlos de vuelta a su mesa, con platillos sencillos y tentadores como la Ensalada de Sémola con Limón, Chícharos y Menta (página 118) y la Ensalada de Mijo con Mango y Cilantro (página 118). Las legumbres que incluyen chícharos, frijoles y cacahuates tienen un alto contenido de proteína y fibra y

se representan en este capítulo en platillos como la Sopa de Lenteja (página 122) y la Sopa de Chícharo Seco con Crema de Estragón (página 112).

Las nueces y semillas se usan en este capítulo no sólo por su alto contenido de proteínas e importantes minerales, sino porque añaden un delicioso sabor y una textura crujiente a las ensaladas, sopas y a otras deliciosas entradas.

GRANOS	LEGUMBRES	SEMILLAS	NUECES
arroz café	alubias	linaza	almendras
avena	cacahuates	semillas de ajonjolí	avellanas
cebada	chícharos secos	semillas de calabaza (pepitas)	castañas
cuscús (pasta de trigo)	frijol carilla	semillas de girasol	nueces
kasha (trigo sarraceno)	frijol de soya		nueces de Brasil
mijo	frijol flor de mayo		nueces de Castilla
polenta (maíz molido)	frijol negro		nueces de la India
quinua	garbanzo		nueces de Macadamia
sémola	haba de lima		piñones
trigo entero	lentejas		pistaches

satay de puerco con
salsa de cacahuate

**500 g (1 lb) de lomo
de puerco, sin hueso**

**½ taza (125 ml/4 fl oz) de leche de
coco dulce o leche condensada**

**3 cucharadas de chalotes,
finamente picados**

1 cucharadita de cilantro, molido

1 cucharadita de comino, molido

1 cucharadita de cúrcuma, molida

2 cucharadas de salsa de pescado

1 cucharadita de salsa de soya ligera

**2 cucharadas compactas
de azúcar mascabado**

Salsa Asiática de Cacahuate

**½ taza (155 g/5 oz) de mantequilla
de cacahuate cremosa**

**⅓ taza (3 fl oz/80 ml)
de caldo de pollo**

2 cucharadas de jugo de naranja

1 cucharada de salsa de soya

½ cucharada de jugo de limón

**½ cucharadita de aceite
de ajonjolí asiático**

1 ó 2 dientes de ajo, picados

**½ cucharada de jengibre fresco,
finamente picado**

**½ chile habanero o jalapeño
pequeño, sin semillas y picado**

**1½ cucharada de
menta fresca, picada**

Corte la carne transversalmente en tiras de 5 cm (2 in) de largo y 12 mm (½ in) de ancho. Mezcle la leche de coco, chalotes, cilantro, comino, cúrcuma, salsa de pescado, salsa de soya y azúcar en una licuadora y haga un puré para la marinada.

Coloque la carne en un platón refractario poco profundo y cubra con la marinada. Mezcle para cubrir bien la carne. Deje reposar a temperatura ambiente durante una hora o tape y refrigere toda la noche.

Si se refrigera, retire la carne del refrigerador 30 minutos antes de cocinarla. Remoje en agua 12 ó 14 brochetas de madera largas durante 30 minutos.

Para la Salsa de Cacahuate: En un procesador de alimentos mezcle la mantequilla de cacahuate, caldo, jugo de naranja, salsa de soya, jugo de limón, aceite de ajonjolí, ajo, jengibre y chile. Pulse hasta suavizar deteniéndolo varias veces para bajar la mezcla que quede en los lados del tazón. Deje reposar a temperatura ambiente durante una hora o tape y refrigere hasta 24 horas para obtener más sabor. Si se refrigera, deje reposar a temperatura ambiente. Integre la menta picada justo antes de servir.

Prepare un asador con madera o carbón o precaliente un asador de gas a 200ºC (400ºF). Inserte 3 piezas de carne en cada brocheta. Ase 1 ó 2 minutos por cada lado, hasta que estén doradas. Sirva calientes acompañadas de la salsa de cacahuate.

*1 hora y 15 minutos
de preparación*

4 minutos de cocción

4 porciones

tostadas de maíz fresco
con frijol negro

1 cucharada de aceite de oliva

Granos de 1 elote amarillo

2 tazas (440 g/14 oz) de frijoles negros cocidos y escurridos, o una lata de 440 g (14 oz) de frijoles negros, escurridos

½ cucharadita de comino, molido

4 tortillas de maíz, tostadas

Yogurt blanco entero o sin grasa, rebanadas de aguacate y cilantro fresco finamente picado, para adornar

Caliente el aceite de oliva en una olla sobre fuego medio y añada los granos de elote, ½ cucharadita de sal y ½ cucharadita de pimienta. Cocine, moviendo, aproximadamente 3 minutos hasta que los granos de elote estén calientes y ligeramente suaves.

En un tazón mezcle los frijoles con los elotes y sazone con sal y pimienta al gusto y agregue el comino. Cubra cada tortilla con la mezcla de frijol, añada una cucharada de yogurt y una o dos rebanadas de aguacate y espolvoree con cilantro finamente picado.
Sirva de inmediato.

15 minutos de preparación
4 minutos de cocción
4 porciones

sopa de chícharo seco
con crema de estragón

¼ taza (60 g/2 oz) de crema ácida baja en grasa

2 cucharadas de estragón fresco, finamente picado

1 cucharada de aceite de oliva

2 cucharadas de cebolla, finamente picada

1½ tazas (330 g /10½ oz) de chícharos secos, enjuagados y limpios

Vierta la crema en un tazón e integre el estragón. Reserve.

En una olla sobre fuego medio caliente el aceite de oliva. Añada la cebolla y saltee cerca de 2 minutos, hasta que esté traslúcida. Agregue los chícharos y mezcle varias veces. Añada 5 tazas (1.25 l/40 fl oz) de agua y 1 cucharadita de sal y suba el fuego a alto. Hierva, reduzca el fuego a bajo y tape. Hierva a fuego lento 40 ó 45 minutos, hasta que los chícharos estén suaves. Haga puré en una licuadora. Vuelva a colocar en la misma olla y hierva a fuego lento. Añada sal y pimienta al gusto.

Usando un cucharón sirva la sopa caliente en tazones precalentados y añada una cucharada de la crema de estragón a cada uno.
Sirva de inmediato.

10 minutos de preparación
60 minutos de cocción
4 porciones

quinua y vegetales de verano asados

1 taza (185 g/6 oz) de quinua

1 calabacita (courgette), finamente rebanada a lo largo

2 berenjenas japonesas (aubergines), finamente rebanadas a lo largo

250 g (8 oz) de ejotes, limpios

1 pimiento (capsicum) rojo, sin semillas y cortado transversalmente en tiras de 12 mm (½ in)

½ taza (125 g/4 oz) de aceitunas negras curadas en aceite, sin hueso

¼ taza (60 ml/2 fl oz) de aceite de oliva extra virgen, más el necesario para rociar (opcional)

2 dientes de ajo, machacados

3 ó 4 ramas pequeñas de tomillo

2 ó 3 ramas pequeñas de romero

1 hoja de laurel

2 cucharadas de albahaca fresca, cortada en tiras muy delgadas

Hierva 2 tazas (500 ml/16 fl oz) de agua en una olla y añada la quinua y ½ cucharadita de sal. Hierva y reduzca el fuego a bajo, tape y hierva a fuego lento cerca de 20 minutos, hasta que la quinua esté suave y el agua se haya absorbido.

Mientras tanto, prepare un asador con carbón o madera o precaliente un asador de gas a 200ºC (400ºF).

Mezcle la calabacita, berenjenas, ejotes, pimiento y aceitunas en un tazón. Añada el aceite de oliva, ajo, tomillo, romero, hoja de laurel, 1 cucharadita de sal y ½ cucharadita de pimienta. Mezcle. Deje reposar durante 30 minutos, mezclando frecuentemente. Coloque las verduras en una sola capa en una canasta para asar engrasada con aceite y ase cerca de 5 minutos por cada lado, hasta que estén ligeramente doradas.

Sazone la quinua con sal y pimienta y rocíe con el aceite de oliva, si lo desea. Coloque la quinua en un platón para servir o en platos individuales. Cubra con las verduras asadas y espolvoree con la albahaca. Sirva caliente.

20 minutos de preparación
25 minutos de cocción más
30 minutos para reposar
4 porciones

nueces y cacahuates mixtos picantes

Precaliente el horno a 150ºC (300ºF). Mezcle almendras, nueces y cacahuates con aceite de oliva, páprika, comino molido, azúcar y sal gruesa. Extienda las nueces y cacahuates sobre una charola para hornear y hornee durante 15 minutos sacudiendo la charola ocasionalmente. Deje enfriar y sirva.

nueces de la India con ensaladas de frutas

Las nueces de la India picadas añaden proteína y una textura crujiente a las ensaladas de fruta. Agréguelas a plátanos rebanados, naranjas rebanadas y cilantro picado. Aderece con unas gotas de aceite de ajonjolí y vinagre de arroz.

polenta crujiente
con queso azul

Haga figuras de polenta (vea la página 52) en forma de rombos. En una olla grande caliente aceite de oliva y fría la polenta, volteándola una vez hasta que esté dorada. Escurra y cubra con queso azul desmoronado y hojas pequeñas de arúgula (rocket).

huevos revueltos
con linaza y cebollín

Bata los huevos en un tazón hasta mezclar. Cocine en un hervidor doble sobre agua hirviendo a fuego lento, mezclando sólo hasta que se empiecen a cuajar. Añada sal y pimienta al gusto, cebollín fresco finamente picado y un poco de linaza. Sirva sobre pan de nuez tostado.

ensalada de sémola con limón, chícharos y menta

1 taza (185 g/6 oz) de sémola

1 cucharada más 2 cucharaditas de aceite de oliva extra virgen

315 g (10 oz/²⁄₃ lb) de chícharos chinos, rebanados diagonalmente (cerca de 2 tazas)

⅓ taza (15 g /½ oz) de menta o hierbabuena fresca, finamente picada, más ramas para adornar

1 cucharada de jugo de limón

1 cucharada de alcaparras, picadas

2 jitomates deshidratados empacados en aceite, picados

En una olla hierva 2 tazas (500 ml/16 fl oz) de agua. Agregue la sémola y ½ cucharadita de sal. Dé un hervor y reduzca el fuego a bajo. Tape y cocine cerca de 20 minutos, hasta que la sémola esté suave y el agua se haya absorbido.

Mezcle la sémola con 2 cucharaditas de aceite de oliva en un tazón, moviendo con cuidado para cubrir y esponjar los granos. Deje enfriar a temperatura ambiente. Añada los chícharos, menta finamente picada, jugo de limón, alcaparras, jitomates deshidratados, ½ cucharadita de sal, ½ cucharadita de pimienta y la cucharada restante de aceite. Mezcle.

Coloque en un tazón de servicio y adorne con ramas de menta. Sirva a temperatura ambiente.

15 minutos de preparación

25 minutos de cocción

4 porciones

ensalada de mijo con mango y cilantro

1 cucharada de aceite de oliva (opcional)

1 taza (185 g/6 oz) de mijo

1 mango grande, sin piel ni hueso y cortado en dados de 12 mm (½-in)

⅓ taza (15 g /½ oz) de cilantro fresco, finamente picado, más algunas ramas para adornar

1 cucharada de jugo de limón

Si lo desea, caliente el aceite de oliva en una sartén sobre fuego medio y saltee el mijo brevemente.

Hierva 2 tazas (500 ml/16 fl oz) de agua en una olla sobre fuego medio-alto. Agregue el mijo y ½ cucharadita de sal. Dé un hervor, reduzca el fuego a bajo, tape y hierva a fuego lento cerca de 20 minutos, hasta que el mijo esté suave y el agua se haya absorbido. Pase el mijo a un platón grande y extienda en una capa delgada para enfriar.

En un tazón mezcle el mango, cilantro finamente picado y jugo de limón. Esponje el mijo con un tenedor, agréguelo al tazón y mezcle.

Divida la ensalada entre 4 platos y adorne con una rama de cilantro. Sirva a temperatura ambiente.

15 minutos de preparación

25 minutos de cocción

4 porciones

crostini de frijol blanco y salvia

⅓ taza (80 ml/3 fl oz) de aceite de oliva

1 diente de ajo, finamente picado

1 lata de 470 g (15 oz) de frijoles cannellini o algún otro frijol blanco, escurridos (reservando el líquido)

2 cucharadas de salvia fresca, finamente picada

12 rebanadas de pan baguette

¼ taza (30 g/1 oz) de tiras de pimiento (capsicum) rojo, asado o de jitomates deshidratados empacados en aceite

Caliente el aceite de oliva en una sartén para freír sobre fuego medio-alto. Añada el ajo y saltee cerca de 1 minuto, hasta que esté suave. Agregue los frijoles, salvia, 1 cucharadita de sal y ½ cucharadita de pimienta y cocine cerca de 2 minutos, moviendo frecuentemente, hasta que los frijoles estén calientes. Pase a un procesador de alimentos y haga una pasta gruesa añadiendo un poco del líquido reservado de los frijoles si fuera necesario, para que la pasta se pueda untar.

Tueste las rebanadas de baguette en un tostador o sobre una charola para hornear en un horno precalentado a 180ºC (350ºF), cerca de 5 minutos de cada lado, hasta que estén doradas. Unte cada rebanada de pan con pasta de frijoles y cubra con una tira de pimiento rojo asado o jitomate deshidratado.

15 minutos de preparación
12 minutos de cocción
4 porciones

ensalada de pasta orzo con pepinos

¼ taza (30 g/1 oz) de almendras crudas o blanqueadas, picadas

1 taza (220 g/7 oz) de pasta orzo

2 cucharadas de aceite de oliva extra virgen

1 pepino, sin piel y partido longitudinalmente a la mitad

3 cucharadas de menta fresca, finamente picada

3 cucharadas de albahaca fresca, finamente picada

2 cucharadas de estragón fresco, finamente picado

⅓ taza (45 g /1½ oz) de cebolla morada, finamente picada

4 jitomates deshidratados empacados en aceite, picados

2 cucharaditas de jugo de limón

Precaliente el horno a 150ºC (300ºF).

Extienda las almendras en un refractario y hornee cerca de 7 minutos, hasta que estén ligeramente doradas. Retire del horno y reserve.

En una olla grande con agua salada hirviendo cocine la pasta cerca de 12 minutos, hasta que esté firme pero al dente. Escurra. Coloque en un tazón, añada 1 cucharada de aceite de oliva y mezcle para cubrir completamente.

Usando una cuchara retire las semillas del pepino. Corte las mitades del pepino transversalmente en medias lunas de 6 mm (¼ in) de ancho. Añada la pasta con la menta, albahaca, estragón, cebolla, jitomates deshidratados, jugo de limón, ½ cucharadita de sal, ½ cucharadita de pimienta y el aceite restante. Mezcle.

Sirva a temperatura ambiente espolvoreada con almendras tostadas.

15 minutos de preparación
20 minutos de cocción
4 porciones

hummus con triángulos de pan árabe

3 panes árabes

1 lata de 470 g (15 oz) de garbanzos

1 cucharada de tahini

¼ taza (60 ml/2 fl oz) de jugo de limón

2 dientes de ajo, finamente picados

¼ taza (60 ml/2 fl oz) de aceite de oliva extra virgen, más 1 cucharada

½ cucharadita de comino, molido

⅛ cucharadita de pimienta de cayena

3 cucharadas de perejil fresco, finamente picado

1 cucharadita de páprika

Precaliente el horno a 200ºC (400ºF).

Corte cada pan árabe en 8 triángulos y coloque en una charola para hornear. Hornee 10 ó 15 minutos, hasta que estén ligeramente crujientes. Reserve.

Escurra los garbanzos reservando el líquido. En un procesador de alimentos haga un puré con los garbanzos, tahini, jugo de limón, ajo, ¼ de taza de aceite de oliva, comino, ½ cucharadita de sal y pimienta de cayena. Si la mezcla está demasiado espesa, agregue un poco del líquido de los garbanzos reservado.

Usando una cuchara páselo a un tazón y adorne con perejil, páprika y 1 cucharada de aceite de oliva. Sirva con los triángulos de pan árabe.

15 minutos de preparación

15 minutos de cocción

4 porciones

sopa de lenteja

2 rebanadas gruesas de tocino, cortadas en trozos de 6 mm (¼-in)

1 diente de ajo, finamente picado

½ cebolla pequeña, finamente picada

2 zanahorias con piel, finamente picadas

1 tallo de apio, finamente picado

1½ tazas (330 g /10½ oz) de lentejas verdes pequeñas (francesas)

2 cucharaditas de hojas de tomillo fresco

1 hoja de laurel

2 jitomates deshidratados empacados en aceite, picados, para adornar

En una olla sobre fuego medio cocine el tocino cerca de 5 minutos, moviendo de vez en cuando, hasta que esté ligeramente dorado. Agregue el ajo, cebolla, zanahorias y apio y saltee cerca de 3 minutos, hasta que la cebolla esté traslúcida y las verduras estén suaves.

Añada las lentejas y mezcle. Agregue 4 ó 4½ tazas ((1 a 1.1 l/32 - 36 fl oz) de agua, el tomillo, 1 cucharadita de sal, ½ cucharadita de pimienta y la hoja de laurel. Reduzca el fuego a bajo y hierva a fuego lento 30 ó 40 minutos, añadiendo más agua si fuera necesario, hasta que las lentejas estén suaves pero no hayan perdido su forma.

Usando un cucharón sirva en tazones precalentados, adorne con los jitomates deshidratados picados y sirva de inmediato.

15 minutos de preparación

40 minutos de cocción

4 porciones

tortitas de trigo sarraceno con salsa de elote y jitomate

Salsa

Granos de 2 elotes blancos

1 chile serrano, sin semillas y finamente picado

500 g (1 lb) de jitomates maduros, picados

2 cucharadas de cebolla, finamente picada

3 cucharadas de cilantro fresco, finamente picado

4 cucharaditas de jugo de limón

Tortitas

½ taza (75 g /2½ oz) de harina de trigo sarraceno

¼ taza (45 g /1½ oz) de harina de trigo (simple)

¾ cucharadita de polvo para hornear

1 cucharada de perejil fresco, finamente picado

¾ taza (180 ml/6 fl oz) de leche entera o baja en grasa

3 cucharadas de aceite de canola

1 huevo

Para la salsa: Mezcle los granos de elote, chile, jitomates, cebolla, cilantro, jugo de limón, ½ cucharadita de sal y ½ cucharadita de pimienta en un tazón. Reserve la salsa.

Para las tortitas: En un tazón grande mezcle las harinas, polvo para hornear, ¼ cucharadita de sal y el perejil. Mezcle. En otro tazón bata la leche, 2 cucharadas de aceite y el huevo hasta integrar por completo. Incorpore gradualmente los ingredientes líquidos con los ingredientes secos hasta mezclar; no revuelva demasiado.

En una sartén sobre fuego medio alto caliente la cucharada restante del aceite. Usando un cucharón vierta 2 cucharadas de la mezcla para cada tortita, dejando una separación de 5 cm (2 in) entre ellas. Cuando la superficie de las tortitas burbujee y la base esté ligeramente dorada, voltee y cocine por el otro lado, cerca de 2 minutos por cada lado, hasta que estén ligeramente doradas. Pase a un platón y mantenga calientes en el horno a temperatura baja. Repita la operación con la mezcla restante.

Sirva calientes o tibias cubriendo con la salsa.

20 minutos de preparación

15 minutos de cocción

4 porciones (12 tortitas)

Nutrimentos trabajando

Los humanos necesitan más de cuarenta nutrimentos para mantener la vida. Muchos alimentos son buenas fuentes de muchos nutrimentos diferentes, pero ningún alimento por sí solo los proporciona todos. Comer una variedad de alimentos, de preferencia en su forma original, es la mejor forma de obtener todos los nutrientes que nuestro cuerpo necesita. Algunos nutrimentos necesitan de otros para tener una absorción óptima, pero las cantidades excesivas pueden causar problemas de salud.

Hasta hace poco tiempo, los expertos en nutrición recomendaban que la distribución de carbohidratos, proteína y grasa en una dieta bien balanceada fuera de 55% de calorías de carbohidratos, 15% de calorías de proteína y 30% de calorías de grasa. Como hemos aprendido más acerca de las necesidades de salud del individuo y las diferencias de metabolismo, ahora somos más flexibles para determinar lo que constituye una dieta saludable. La tabla que mostramos a continuación demuestra las variedades de macronutrientes recomendadas en septiembre del 2002 por el Instituto de Medicina, parte de la Academia Nacional de Ciencias de los Estados Unidos. Estas escalas se adaptan mejor a las necesidades saludables de cada persona.

Para ayudarle a evaluar y lograr un equilibrio en su dieta cuando prepare las recetas de este libro, vea de la página 130 a la 133 para hacer un análisis nutritivo de cada receta.

Los expertos en nutrición también han determinado algunas pautas para las vitaminas y minerales. Si desea más información vea las páginas 128 y 129.

CARBOHIDRATOS, PROTEÍNA Y GRASAS

NUTRIMENTOS Y FUENTES ALIMENTICIAS	FUNCIONES	% RECOMENDADO DE CALORÍAS DIARIAS Y CONSEJOS
Carbohidratos CARBOHIDRATOS COMPLEJOS • Granos, panes, cereales y pastas • Frijoles y chícharos secos, lentejas • Verduras con almidón (papas, maíz, chícharos verdes)	• Principal fuente de energía para el cuerpo • Particularmente importante para el cerebro y sistema nervioso • La fibra ayuda a lograr una digestión normal	45% a 65% • Partidario de carbohidratos complejos, especialmente legumbres, vegetales y granos enteros (arroz café, pan, pasta y cereal integral) • Muchos alimentos altos en carbohidratos complejos también son buenas fuentes de fibra. Entre los mejores se encuentran los cereales de salvado, los frijoles enlatados y secos, la fruta seca y avena rodada. El consumo diario recomendado de fibra para adultos menores de 50 años es de 25 g para las mujeres y 38 g para los hombres. Para las mujeres mayores de 50 años, el consumo es de 21 g; para los hombres de 30 g.
CARBOHIDRATOS SIMPLES • Azúcares naturales de frutas, verduras y leche • Azúcar refinada añadida en bebidas ligeras, dulces, productos horneados, jaleas y mermeladas, etc.	• Proporcionan energía	• Las frutas y verduras tienen azúcares naturales pero también tienen vitaminas, minerales y fitoquímicos. El azúcar refinado, por otra parte, tiene menos que ofrecer en forma de nutrición, por lo que debe limitar su consumo para obtener lo mejor de sus calorías diarias.

Fuentes: Instituto de Medicina. Consumos Dietéticos de Referencia sobre Energía, Carbohidratos, Fibra, Grasa, Proteína y Aminoácidos (Macronutrientes).

CARBOHIDRATOS, PROTEÍNA Y GRASAS

NUTRIMENTOS Y FUENTES ALIMENTICIAS	FUNCIONES	% RECOMENDADO DE CALORÍAS DIARIAS Y CONSEJOS
Proteína • Alimentos de fuente animal • Frijoles y chícharos secos, nueces • Productos de granos	• Forma y repara las células • Regula los procesos del cuerpo al proporcionar componentes para las enzimas, hormonas, balance de fluidos y sistema nervioso	10%-35% • Elija fuentes magras como los frijoles secos, pescado, pollo cortes de carne magra, soya y productos lácteos bajos en grasa la mayoría del tiempo. • Las yemas de huevo son ricas en muchos nutrientes pero también tienen un alto contenido de colesterol; limite a 5 por semana.
Grasas Todas las grasas son mezcla de tipos saturados e insaturados (poliinsatuadas y monoinsaturadas). Las poliinsaturadas y especialmente las monoinsaturadas son mejores debido a que promueven la salud cardiovascular.	• Proporcionan las necesidades de ácidos grasos esenciales para diferentes procesos corporales y para formar membranas celulares, particularmente del cerebro y sistema nervioso • Trasportan ciertas vitaminas	20%-35% • Los expertos no están de acuerdo en cuanto a la cantidad ideal de grasa total en la dieta. Algunos dicen que se puede tomar más si es grasa saludable para el corazón; otros recomiendan limitar toda la grasa. Virtualmente todos los expertos están de acuerdo en que la grasa saturada, las grasas trans y el colesterol, las cuales pueden elevar el colesterol LDL ("malo"), se deben limitar.
PRINCIPALMENTE SATURADAS • Alimentos de fuente animal (grasa de carne, mantequilla, queso y crema) • Coco, palmito, aceites de palmito	• Eleva el colesterol (LDL) "malo" en la sangre	• Limite la grasa saturada
PRINCIPALMENTE POLIINSATURADAS (PUFA) • Ácidos grasos omega-3; arenque, salmón, macarela, trucha de lago, sardinas, pez espada, nueces, linaza, aceite de canola, aceite de frijol de soya, tofu • Omega-6; aceites vegetales como el de maíz, soya y girasol (abundantes en la dieta norteamericana)	• Reduce la inflamación; influye en la coagulación y en la actividad vascular para mejorar el flujo de sangre	• Coma pescado por lo menos dos veces a la semana. • Sustituya PUFA por grasas saturadas o grasas trans siempre que le sea posible.
PRINCIPALMENTE MONOINSATURADAS (MUFA) Aceite de oliva, aceite de canola, aceite de ajonjolí, aguacates, almendras, grasa de pollo	• Eleva el colesterol (HDL) "bueno" en la sangre	• Sustituya MUFA por grasas saturadas o grasas trans siempre que le sea posible.
COLESTEROL ALIMENTICIO Alimentos de fuente animal (yemas de huevo, vísceras, queso, huevos de pescado, carne)	• Un componente estructural de las membranas celulares y algunas hormonas	• El cuerpo fabrica colesterol y algunos alimentos contienen colesterol alimenticio. Las etiquetas de Estados Unidos muestran los valores de colesterol.
GRASAS TRANS Alimentos procesados, alimentos horneados comprados, margarina y materias grasas	• Elevan el colesterol (LDL) "malo" en la sangre	• Las etiquetas de los alimentos de los Estados Unidos muestran las grasas trans.

VITAMINAS

VITAMINAS Y FUENTES ALIMENTICIAS SOLUBLES EN GRASA	FUNCIONES	CONSUMO DIARIO RECOMENDADO PARA ADULTOS*
Vitamina A Productos lácteos, frutas y verduras de color amarillo y anaranjado oscuro, vegetales de hoja color verde oscuro, hígado, pescado, leche fortificada, queso, mantequilla	• Promueve el crecimiento y salud de la piel y pelo • Ayuda a formar huesos y dientes fuertes • Trabaja como un antioxidante que puede disminuir el riesgo de algunos tipos de cáncer y otras enfermedades • Ayuda a la visión nocturna • Fortalece el sistema inmunológico	700 mcg para las mujeres 900 mcg para los hombres
Vitamina D Leche fortificada, salmón, sardinas, arenque, mantequilla, hígado, cereales fortificados, margarina fortificada	• Forma huesos y dientes fuertes • Eleva la absorción de calcio y fósforo y regula los niveles sanguíneos de estos nutrientes	5–10 mcg
Vitamina E Nueces y semillas, aceites vegetales y de semillas (maíz, soya, girasol), panes y cereales integrales, vegetales de hoja de color verde oscuro, frijoles y chícharos secos	• Forma huesos y dientes fuertes • Eleva la absorción de calcio y fósforo y regula los niveles sanguíneos de estos nutrientes	15 mg
Vitamina K Vegetales de hoja de color verde oscuro, hígado, zanahorias, espárragos, coliflor, col, salvado de trigo, germen de trigo, huevos	• Necesaria para una coagulación normal • Promueve la síntesis de proteína para los huesos, plasma y órganos	90 mcg para las mujeres 120 mcg para los hombres

VITAMINAS SOLUBLES EN AGUA

	FUNCIONES	CONSUMO DIARIO RECOMENDADO PARA ADULTOS*
Vitaminas B Productos de grano, frijoles y chícharos secos, vegetales de hoja de color verde oscuro, productos lácteos, carne, pollo, pescado, huevos, vísceras, leche, levadura de cerveza, germen de trigo, semillas	• Ayuda al cuerpo a usar los carbohidratos (biotin, B12 niacina, ácido pantoténico) • Regula el metabolismo de las células y la producción de energía (niacina, ácido pantoténico) • Mantiene a los nervios y músculos sanos (tiamina) • Protege en contra de los defectos de la columna vertebral (folato) • Protege contra las enfermedades del corazón (B6, folato)	• B6:1.3-1.5 mg • B12: 2.4 mcg (B12 sólo se encuentra en los alimentos animales; los vegetarianos necesitan suplementos.) • Biotin: 30 mcg • Niacina: 14 mg de equivalentes de niacina para las mujeres; 16 mg para los hombres • Ácido pantoténico: 5 mg • Riboflavina: 1.1 mg para las mujeres; 1.3 mg para los hombres • Tiamina; 1.1 mg para las mujeres; 1.2 mg para los hombres
Vitamina C Muchas frutas y verduras, especialmente frutas cítricas, brócoli, jitomate, pimientos verdes (capsicums), melones, fresas, papas, papayas	• Ayuda a formar el tejido corporal • Combate las infecciones y ayuda a sanar las heridas • Ayuda al cuerpo a absorber hierro y folato • Ayuda a mantener las encías sanas • Trabaja como un antioxidante	75 mg para las mujeres 90 mg para los hombres

Fuentes: reportes del Instituto de Medicina, 1999-2001

*mcg=microgramos;mg= miligramos

VITAMINAS

FUENTES MINERALES** Y ALIMENTICIAS	FUNCIONES	CONSUMO DIARIO RECOMENDADO PARA ADULTOS*
Calcio Productos lácteos (especialmente queso duro, yogurt y leche), jugos fortificados, sardinas y pescado enlatado con huesos, crustáceos, tofu (procesado con calcio), vegetales de hoja verde oscura	• Ayuda a formar y mantener huesos y dientes fuertes • Ayuda al corazón, músculos y nervios a trabajar en forma adecuada	1,000–1,200 mg
Hierro Carne, pescado, crustáceos, yemas de huevo, vegetales de hoja verde oscura, frijoles y chícharos secos, productos de grano, frutas secas	• Ayuda a los glóbulos rojos a llevar el oxígeno • Componente de enzimas • Fortalece el sistema inmunológico	18 mg para las mujeres 8 mg para los hombres
Magnesio Nueces y semillas, productos integrales, vegetales de hoja verde oscura, frijoles y chícharos secos	• Ayuda a formar huesos y dientes fuertes • Ayuda a los nervios y músculos a trabajar de forma adecuada • Necesario para ADN y ARN • Necesario para el metabolismo de carbohidratos	310-320 mg para las mujeres 400-420 mg para los hombres
Fósforo Semillas y nueces, carne, pollo, pescado, frijoles y chícharos secos, productos lácteos, productos integrales, huevos, levadura de cerveza	• Ayuda a formar huesos y dientes fuertes • Tiene muchas funciones metabólicas • Ayuda al cuerpo a obtener la energía de los alimentos	700 mg
Potasio Fruta, verduras, frijoles y chícharos secos, carne, pollo, pescado, productos lácteos, granos enteros	• Ayuda al cuerpo a mantener el balance de agua y minerales • Regula los latidos del corazón y la presión arterial	2,000 mg sugeridos; no existe un consumo oficial recomendado
Selenio Pescados y mariscos, pollo, vísceras, arroz café, pan de trigo entero (integral), cacahuates, cebollas	Trabaja como un antioxidante con vitamina E para proteger a las células del deterioro • Fortalece el sistema inmunológico	55 mg
Zinc Ostiones, carne, pollo, pescado, frijoles de soya, nueces, granos enteros, germen de trigo	• Ayuda al cuerpo a metabolizar las proteínas, carbohidratos y alcohol • Ayuda a sanar las heridas • Necesario para el crecimiento, respuesta inmunológica y reproducción	8 mg para las mujeres 11 mg para los hombres

** Los siguientes minerales por lo general son suficientes en la dieta cuando los minerales enunciados en el cuadro anterior están presentes: cloruro, cromo, cobre, fluoruro, yodo, manganeso, molibdeno, sodio y azufre. Para información acerca de las funciones y fuentes alimenticias consulte un libro de nutrición.

Valores nutritivos

Las recetas de este libro han sido analizadas para que los nutrientes importantes le ayuden a evaluar su dieta y balancear todas las comidas del día. Al usar estos cálculos además de toda la información de este libro, usted puede crear comidas que tengan el balance óptimo de nutrientes. Si tiene a la mano los valores nutritivos podrá planear comidas saludables.

Tenga en mente que los cálculos reflejan los nutrientes por porción a menos de que se especifique de manera contraria. Los cálculos no incluyen los ingredientes opcionales, los que se agregan al gusto o aquellos que se sugieren como una alternativa o un sustituto en la receta, nota o variación de la receta. Para que las recetas rindan cierto número de porciones, se ha calculado una cantidad promedio. Muchas recetas piden una cantidad específica de sal y también sugieren sazonar al gusto; sin embargo, si lleva una dieta baja en sodio, es prudente omitir la sal. Si se preocupa especialmente acerca de algunas necesidades alimenticias, consulte a su médico.

Los números para todos los valores nutritivos son aproximados, usando las cantidades requeridas para los niveles alimenticios reportados en el panel de "Información Nutricional" de las etiquetas de los Estados Unidos.

La mejor forma de adquirir los nutrientes que su cuerpo necesita es a través de los alimentos. Sin embargo, un suplemento balanceado de multivitaminas y minerales o un cereal fortificado que no exceda el 100% de las necesidades diarias de cualquier nutriente se puede usar sin ningún peligro en su dieta.

¿CUÁNTO ES UNA PORCIÓN?	¿CUÁNTAS PORCIONES NECESITA AL DÍA?		
	Para una dieta de 1,600 calorías al día *(niños de 2 a 6 años, mujeres sedentarias, algunos adultos mayores)*	Para una dieta de 2,200 calorías al día *(niños mayores de 6 años, mujeres adolescentes, mujeres activas, hombres sedentarios)*	Para una dieta de 2,800 calorías al día *(hombres adolescentes, hombres activos)*
Grupo de Fruta 1 fruta mediana entera como manzana, naranja, plátano o pera ½ taza (60-90 g/2-3 oz) de fruta picada, cocida o de lata ¼ taza (90 g/3 oz) de fruta seca ¾ taza (180 ml/6 fl oz) de jugo de fruta	2	3	4
Grupo de Verduras 1 taza (30 g/1 oz) de verduras crudas o de hoja ½ taza (60-90 g/2-3 oz) de otras verduras, cocidas o crudas ¾ taza (180 ml/6 fl oz) de jugo de verduras	3	4	5
Grupo de Pan, Cereal, Arroz y Pasta 1 rebanada de pan 1 taza (180g/6 oz) de cereal listo para comerse ½ taza (80 g/2.5 oz) de cereal cocido, arroz, pasta	6	9	11

Adaptado de las Pautas Dietéticas del USDA (Departamento de Agricultura de los Estados Unidos) (2005)

Morado y Azul		CALORÍAS	PROTEÍNA/ GM	CARBS/ GM	GRASA TOT. / GM	GRASA SAT/GM	COL/ MG	FIBRA/ GM	SODIO/ GM
p.23	Ensalada de endibia belga morada y cangrejo	198	23	2	10	1	115	1	681
p.23	Ensalada de moras azules	232	6	12	19	5	19	3	386
p.24	Berenjena asada estilo italiano	242	3	18	19	3	0	10	881
p.24	Ensalada tibia de papa morada	335	7	52	11	1	0	4	316
p.27	Ciruelas asadas rellenas de queso azul	206	7	22	11	5	19	2	413
p.27	Ensalada de higos frescos y queso de cabra	252	5	20	18	5	10	4	232
p.30	Ensalada de col morada con uvas pasas	257	7	28	14	2	0	5	712
p.30	Crostini de col rizada morada	240	7	21	15	3	5	3	491
p.33	Terrina de pimiento morado con queso de cabra	93	6	4	6	4	14	1	399
p.33	Pesto de berenjena	257	7	28	14	2	0	5	712
p.34	Queso brie y pollo ahumado con compota de moras azules	211	17	8	11	4	82	1	325
p.34	Espárragos morados asados con prosciutto	94	7	4	6	1	19	1	703

Verde		CALORÍAS	PROTEÍNA/ GM	CARBS/ GM	GRASA TOT. / GM	GRASA SAT/GM	COL/ GM	FIBRA/ GM	SODIO/ MG
p.41	Sopa de alcachofa con crostini	250	15	24	13	4	13	9	555
p.41	Ensalada de pepino y queso feta	157	6	6	12	4	15	2	423
p.42	Brochetas de calabacitas asadas con cilantro	141	6	13	8	1	4	3	217
p.42	Ensalada de aguacate, toronja y cebollín	321	4	23	26	4	0	9	173
p.45	Ensalada de kiwi, manzana y uvas con jarabe de romero	141	1	37	0	0	0	3	3
p.45	Alcachofas miniatura con aceitunas negras y limón	335	10	47	13	2	0	8	1025
p.48	Peras verdes horneadas con queso stilton	146	3	17	8	5	23	3	194
p.48	Sándwiches abiertos con queso crema a la menta	200	8	30	6	3	13	3	454
p.51	Círculos de atún con guacamole de tomate verde	185	16	6	11	2	29	4	194
p.51	Ensalada de pavo y apio	174	22	6	6	2	57	2	754
p.52	Galettes de polenta con poro y acelga	352	9	48	15	5	17	7	1051

Blanco y sepia		CALORÍAS	PROTEÍNA/ GM	CARBS/ GM	GRASA TOT. / GM	GRASA SAT/GM	COL/ GM	FIBRA/ GM	SODIO/ GM
p.59	Champiñones rellenos de jamón serrano	137	6	5	10	2	11	1	322
p.59	Ensalada de pera con nuez y queso azul	216	5	13	17	4	11	3	490
p.60	Sopa de alcachofa Jerusalén con aceite de trufa	95	5	14	2	0	0	1	389
p.60	Ensalada mediterránea con aderezo de ajo asado	299	5	20	24	3	0	7	156
p.63	Pissaladière de cebollas y chalotes caramelizados	457	9	59	21	6	15	4	597
p.66	Ceviche de camarón y jícama	95	12	9	1	0	86	3	379
p.66	Sopa de champiñón al jerez	110	8	7	5	2	8	1	228
p.69	Tortitas de maíz blanco con crème fraîche	300	7	28	18	8	96	2	49
p.69	Crostini con higos y queso camembert	284	11	33	13	7	31	4	486

Amarillo y anaranjado		CALORÍAS	PROTEÍNA/ GM	CARBS/ GM	GRASA TOT. / GM	GRASA SAT/GM	COL/ MG	FIBRA/ GM	SODIO/ GM
p.75	Sopa de zanahoria con jengibre fresco	109	3	11	6	1	0	3	425
p.75	Ensalada de melón cantaloupe y queso feta	119	4	20	4	2	13	2	205
p.76	Ensalada de pérsimo y manzana amarilla	171	1	27	9	1	0	4	293
p.76	Bruschetta de durazno y prosciutto	82	3	10	4	1	5	1	165
p.79	Budines de elote con cubierta de langosta	193	16	14	9	4	178	1	627
p.82	Linguine al limón con queso pecorino	433	17	63	13	4	18	3	528
p.82	Gazpacho amarillo	136	5	20	5	1	0	4	421
p.85	Frittata de pimiento anaranjado con tomillo fresco	246	13	4	20	6	332	1	654
p.85	Canapés de chabacanos secos	362	13	33	21	7	39	4	408
p.86	Ensalada de toronja, pollo y pistache	244	18	15	13	2	42	3	474
p.86	Ensalada de betabel y jitomates pera amarillos	186	7	5	16	4	12	1	223

Rojo		CALORÍAS	PROTEÍNA/GM	CARBS/GM	GRASA TOT. / GM	GRASA SAT/GM	COL/MG	FIBRA/GM	SODIO/GM
p.93	Ensalada de trucha ahumada con aderezo de naranja sangría	133	11	11	5	1	28	1	12
p.93	Ensalada de manzana roja, nueces y queso stilton	253	5	26	16	4	14	6	407
p.94	Canapés con mermelada de cebolla roja y carne de puerco	378	16	32	18	5	50	2	170
p.97	Uvas con roquefort y cubierta de almendras	231	11	9	18	6	26	2	522
p.97	Tortitas de betabel rojo con yogurt y eneldo	127	6	16	5	1	72	2	284
p.100	Sopa de jitomate asado con albahaca	302	5	24	23	3	0	6	777
p.100	Ensalada de sandía, frambuesa y menta	114	2	28	1	0	0	7	5
p.103	Ensalada de toronja y granada roja	157	2	23	7	1	0	2	149
p.103	Pan tostado con queso gouda y chutney de ruibarbo	504	10	96	11	4	37	3	412
p.104	Canapés de papas rojas asadas con caviar de salmón	114	3	10	7	2	38	1	234
p.104	Rebanadas de radicha envueltas con prosciutto	109	6	2	9	2	15	0	314

Café		CALORÍAS	PROTEÍNA/GM	CARBS/GM	GRASA TOT. / GM	GRASA SAT/GM	COL/MG	FIBRA/GM	SODIO/GM
p.111	Satay de puerco con salsa de cacahuate (2 cucharaditas de salsa)	347	27	9	23	9	68	2	634
p.112	Tostadas de maíz fresco con frijol negro	221	10	33	6	1	1	9	329
p.112	Sopa de chícharo seco con crema de estragón	304	19	47	5	1	5	19	607
p.115	Quinua y vegetales de verano asados	414	9	43	24	3	0	7	1352
p.118	Ensalada de sémola con limón, chícharos y menta	212	7	34	7	1	0	9	665
p.118	Ensalada de mijo con mango y cilantro	514	14	98	7	1	0	6	300
p.121	Crostini de frijol blanco y salvia	352	6	32	21	3	0	5	1001
p.121	Ensalada de pasta orzo con pepino	322	10	43	13	2	0	4	307
p.122	Hummus con triángulos de pan árabe	440	10	52	21	3	0	6	854
p.122	Sopa de lenteja	268	18	46	2	0	3	12	714
p.125	Tortitas de trigo sarraceno con salsa de elote y jitomate	265	8	29	14	2	57	5	560

Glosario

acelga: Un miembro de la extensa familia de los vegetales crucíferos, la acelga tiene hojas de color verde oscuro y costillas blancas o rojas. Además de los fitoquímicos que combaten el cáncer, contiene hierro y vitaminas A y C..

aguacates: Técnicamente una fruta, el aguacate tiene alto contenido de grasa pero la mayoría de ella es monoinsaturada la cual ayuda a disminuir el colesterol. También contiene beta sitosterol, un colesterol vegetal que también disminuye el nivel de colesterol y puede evitar el crecimiento de células cancerígenas. El aguacate tiene un alto contenido de vitaminas y minerales, especialmente vitaminas A y C, folato, vitamina B6 y potasio.

ajo: Excepcionalmente rico en antioxidantes y anti-inflamatorios, el ajo forma compuestos de organosulfuros cuando se pica, machaca o rebana. Estas sustancias disminuyen la presión arterial, reducen la coagulación y promueven la salud del corazón.

albahaca: Tradicionalmente usada en las cocinas del Mediterráneo y Sur de Asia, la albahaca es una de las hierbas favoritas de todo el mundo y es una fuente de fitonutrientes vegetales. Aunque es de la misma familia que la menta, la albahaca sabe ligeramente a anís y clavo. Los cocineros italianos la usan en el pesto, a menudo la mezclan con jitomates y la consideran esencial para hacer el clásico minestrone. En Tailandia y Vietnam la albahaca frecuentemente se mezcla con menta fresca para sazonar salteados, curries y ensaladas.

alcachofas: El corazón carnoso de la alcachofa proporciona un complejo de fitoquímicos que promueven la salud del corazón incluyendo cynarin; también contiene clorofila y betacaroteno y proporciona una amplia gama de vitaminas y minerales.

alcachofas Jerusalén (tupinambo): Aunque no son alcachofas auténticas sino un tipo de girasol, estos tubérculos tienen un sabor anuezado ligeramente parecido a las alcachofas. Tienen un contenido de hierro particularmente alto y pueden comerse crudas o cocidas.

alcaparras: Un arbusto del Mediterráneo es la fuente de estos botones cerrados de flor. Los botones son más amargos cuando están crudos; cuando se secan y se empacan en salmuera o sal se usan para agregar un delicioso sabor fuerte a una gran variedad de platillos. Las alcaparras se deben enjuagar antes de usarlas para retirar el exceso de salmuera o sal.

apio: Al igual que otras verduras, el apio ayuda a combatir ciertos tipos de cáncer, promueve la salud visual fortalece el sistema inmunológico y ayuda a formar huesos y dientes fuertes. También tiene un alto contenido de fibra.

arándanos: Con un alto contenido de fibra y vitamina C, los arándanos son excelentes para prevenir las infecciones de las vías urinarias debido a sus polifenoles. Las antocianinas que hacen que los arándanos sean rojos tienen propiedades antioxidantes que protegen al corazón y pueden defendernos del cáncer. Los arándanos frescos, congelados y secos, así como el jugo de arándano son igual de benéficos para la salud.

arroz café: Este grano entero retiene su cubierta de salvado lo que le da un alto contenido de fibra. El arroz café viene en variedades de grano largo, medio y corto. Al igual que otros granos enteros tiene un alto contenido de fibra y selenio; debido al salvado se puede hacer rancio si se almacena a temperatura ambiente por lo que el arroz café se debe almacenar en refrigeración.

arúgula (rocket): La arúgula, una hortaliza amarga, se come cocida o cruda. Es una buena fuente de hierro y vitaminas A y C y contiene luteína, la cual protege la salud visual.

avena: Los granos de avena son granos enteros que se pueden cortar en trozos para hacer avena escocesa, avena cortada con hojas de aluminio, o avena irlandesa; o se puede cocer al vapor para convertirla en avena al estilo antiguo o avena rodada. Cuando los granos se cortan en trozos y se enrollan para hacer trozos más delgados se convierten en avena de cocimiento rápido. Todas estas formas retienen su selenio y nutrientes que combaten el colesterol a diferencia de la avena instantánea. También tienen un alto contenido de vitaminas B, B6 y E.

berenjenas (aubergines): La piel morada de la familiar berenjena globo es rica en antocianinas que ayudan a la salud del corazón y del cerebro, mientras que su pulpa contiene saponinas, antioxidantes que ayudan a disminuir los niveles de colesterol. Otras variedades pueden ser ligeramente más pequeñas y tener una piel de color lavanda, blanca, rosa, verde o jaspeada. El color de la piel de la berenjena no determina su sabor.

berro: Esta hortaliza especiada es sorprendentemente una verdura crucífera. Contiene buenas cantidades de vitaminas A y C. El sabor apimentado del berro se debe a cierto isotiocianato que ha demostrado tener el potencial de ayudar a combatir el cáncer de pulmón.

betabeles: Los betabeles rojos obtienen su color de la betacianina, un producto fitoquímico el cual se cree que reduce el crecimiento de tumores. También contienen betaina, que ayuda a proteger el corazón, y ácido salicílico, el cual tiene propiedades anti inflamatorias, además tienen un contenido especialmente alto de folato. Los fitoquímicos de los betabeles dorados ayudan a promover la salud visual y estimulan la inmunidad.

bok choy: El bok choy se come tanto por su bulbo blanco como por sus hojas verdes y es un tipo de col que contiene los mismos compuestos que combaten el cáncer y una amplia variedad de vitaminas y minerales.

brócoli: Con un contenido extremadamente alto de vitamina C (1/2 taza/60 g/2 oz proporcionan un 68% del Valor Diario) y un contenido incluso un mayor de vitamina K, el brócoli también contiene vitamina A y fitoquímicos que combaten el cáncer. Los brotes de brócoli también contienen altos niveles de estos compuestos.

brócoli rabé: Con sus tallos largos y delgados y pequeñas cabezas en forma de flores, el brócoli rabé tiene un fuerte sabor amargo. Contiene muchos de los mismos nutrientes que el brócoli.

cacahuates: Aunque no son nueces auténticas sino legumbres, los cacahuates tienen un alto contenido de grasa. Son una buena fuente de proteínas pero se deben comer en pequeñas cantidades. Al igual que la mayoría de las nueces la grasa que contienen es altamente monoinsaturada.

calabacitas (courgettes): La mayoría de los nutrientes de las calabacitas se encuentran en su piel la cual contiene fitoquímicos que fortalecen la vista, huesos y dientes; ayudan a fomentar la inmunidad y disminuyen el riesgo de algunos tipos de cáncer.

calabaza: La pulpa de la calabaza es rica en nutrientes con vitamina A y carotenoides, alfa y beta caroteno así como luteína, los cuales específicamente combaten el cáncer.

calabaza de invierno: La pulpa densa y carnosa de las calabazas de invierno es rica en vitaminas A y C, folato, manganeso y potasio, así como carotenoides que protegen el corazón y combaten el cáncer.

calabaza de verano: La mayoría de los nutrientes de la calabaza de verano se encuentran en su piel comestible de color amarillo brillante. Es una buena fuente de manganeso, así como de carotenoides que le proporcionan su color.

camotes: Los más comunes de estos tubérculos son los amarillos claros y los anaranjados oscuros, algunas veces erróneamente llamados ñames. Ambos tienen un alto contenido de fibra, vitaminas A y C y son huéspedes de otras vitaminas y minerales, además contienen una cantidad de betacaroteno mayor que ninguna otra verdura.

cebada: La cebada con cáscara, la cebada inglesa (molida toscamente) y la molida (rota) retienen el salvado y su germen y también proporcionan el antioxidante selenio. La cebada aperlada, la cual ha sido refinada, cocida al vapor y pulida, no tiene los mismos nutrientes que los granos enteros.

cebollas: Todas las cebollas contienen compuestos de organosulfuros que se cree que combaten el cáncer y promueven la salud del corazón. Las cebollas amarillas o blancas y moradas también contienen quercetina, la cual aumenta estas propiedades, mientras que las cebollas rojas tienen el beneficio adicional del antioxidante antocianina.

cebollín: Estos tallos delgados de color verde brillante se usan para proporcionar un sabor parecido a la cebolla pero más ligero. Las hojas delgadas y huecas parecidas al pasto se pueden cortar con un par de tijeras de cocina en trozos de cualquier tamaño y esparcirse sobre huevos revueltos, guisados, ensaladas, sopas, jitomates o cualquier platillo que pueda beneficiarse con un toque suave de sabor a cebolla. El cebollín no se debe cocinar durante mucho tiempo ya que pierde su sabor y textura crujiente y se torna de un apagado tono verde grisáceo.

cebollitas de cambray: Al igual que todas las cebollas, las cebollitas de cambray contienen compuestos de organosulfuros, los cuales se cree que protegen al corazón y mejoran la proporción buena/mala de colesterol.

cerezas: Las cerezas rojas ácidas y dulces obtienen su color de pigmentos de antocianina y otros antioxidantes que ayudan a proteger el corazón y el cerebro, disminuyen el riesgo de algunos tipos de cáncer y son poderosos anti-inflamatorios. Ambos tipos de cereza también contienen un terpenoide que parece prevenir el desarrollo de tumores.

cilantro: También llamado cilantro fresco, el cilantro es una hierba con un sabor distintivo que tiene muchos seguidores leales. Usado extensamente en las cocinas de México, el Caribe, India, Egipto, Tailandia, Vietnam y China, el cilantro se impone con un sabor que no se puede perder. Algunas personas lo describen como un sabor cítrico o mentolado; otras lo encuentran parecido a la salvia y al perejil; algunos lo difaman y lo describen como jabonoso. Es mejor usarlo fresco, agregándolo al final del cocimiento ya que pierde sabor después de una larga exposición al calor.

ciruelas: La piel comestible de la ciruela, que viene en una variedad de colores, contiene la mayoría de sus fitoquímicos, aunque la pulpa amarilla, morada o roja también contiene compuestos benéficos. La ciruela, una buena fuente de vitamina C, es una de las frutas más saludables. Cuando no están en temporada, gócelas como ciruelas pasas, su versión seca.

ciruelas pasas: Estas ciruelas secas, ahora llamadas ciruelas pasas, son ricas en vitamina A, potasio y fibra. Tienen un mayor contenido de antioxidantes que cualquier otra fruta o verdura convirtiéndolas en el alimento primordial para combatir el envejecimiento.

col: El patriarca de la familia de las verduras crucíferas, la col tiene un alto contenido de vitaminas C y K pero su valor real se encuentra en su concentración de isotiocinatos, compuestos poderosos que combaten el cáncer. La col roja, que en realidad es morada, contiene más vitamina C que la col verde además del antioxidante antocianina.

col rizada: Otro miembro de la gran familia de verduras crucíferas, la col rizada comparte sus cualidades para combatir el cáncer. Una porción de media taza tiene un alto contenido de vitamina A (96% del Valor Diario) y contiene una cantidad espectacular de vitamina K (¡590% del Valor Diario!). Tiene más betacaroteno que el brócoli y es una fuente importante de luteína, la cual promueve la salud visual.

colecitas de Bruselas: Estas diminutas coles verdes contienen los mismos compuestos para combatir el cáncer que sus parientes más grandes y tienen un mayor contenido de vitaminas C y K que el brócoli; 4 colecitas de Bruselas contienen 243% del valor diario de vitamina K, el cual promueve la coagulación adecuada.

coliflor: Otro miembro de la familia de las crucíferas, la coliflor tradicionalmente se blanqueaba o se cubría durante su crecimiento para mantener la cabeza blanca pero ahora se ha cultivado de tal forma que es blanca por naturaleza. De cualquier manera, aún contiene los compuestos que combaten el cáncer al igual que sus parientes, además de los fitoquímicos que promueven la salud del corazón. La coliflor morada ofrece un sustituto colorido para la coliflor común de color blanco.

colinabo: Otro miembro de la familia de la col,

este tubérculo de piel amarilla tiene una pulpa amarilla de sabor suave. Contiene vitaminas A y C así como fibra y potasio.

crème fraîche: Una crema ácida cultivada producida originalmente en Francia, la crème fraîche es parecida a la crema ácida. Esta crema sedosa y espesa que contiene un 30% de grasa es ácida y dulce con un ligero sabor a nuez. Proporciona un incomparable sabor cuando se usa como una cubierta para moras y postres de pasta. También es deliciosa cuando se combina con salmón o trucha ahumada y proporciona una suavidad aterciopelada y un delicioso sabor a las sopas y salsas. La crème fraîche no siempre es fácil de encontrar y muchos cocineros caseros hacen la suya propia mezclando crema espesa con buttermilk o yogurt.

cuscús: Una pasta hecha de trigo de grano duro, el cuscús también está disponible en forma de trigo integral el cual se cocina igual de rápido y no se puede distinguir virtualmente del cuscús regular.

chabacanos: el color del chabacano se debe a los pigmentos betacaroteno y licopeno que promueven la salud visual y la salud del corazón, disminuyen el riego de algunos tipos de cáncer y fortalecen el sistema inmunológico. Los chabacanos también tienen un alto contenido de vitamina C, potasio y fibra.

chalotes: Otro miembro de la familia de la cebolla, el chalote contiene los mismos organosulfurados saludables para el corazón que sus parientes. Tiene un sabor más suave y es más conveniente usarlo en pequeñas cantidades que la cebolla.

champiñones: Ni verduras ni frutas sino hongos, los champiñones vienen en diferentes formas y se pueden obtener tanto silvestres como cultivados. Son ricos en riboflavina, niacina y ácido pantoténico, todos ellos vitaminas del complejo B, y también contienen los valiosos minerales de cobre y selenio.

chícharos chinos: Una cruza entre el chícharo inglés y el chícharo nieve (mangetout), los chícharos chinos se parecen a éste último pero son totalmente comestibles ya sea cocidos o crudos. Proporcionan vitaminas A y C además de folato, hierro, fósforo y tiamina.

chícharos ingleses: también llamados chícharos verdes o de jardín, deben comerse rápidamente después de haberlos cosechado; también los hay congelados. Proporcionan niacina y hierro así como vitaminas A y C.

chícharos nieve (mangetouts): Una vez que se cortan sus dos puntas, el delgado y delicado chícharo nieve es totalmente comestible ya sea crudo o cocido. Proporciona calcio y hierro.

chícharos secos: Cuando se secan los chícharos amarillos o verdes de campo se pueden abrir en su unión natural para cocerlos más rápidamente en sopas o purés. Tienen un altísimo contenido de fibra y contienen vitamina A.

chiles: Todos los chiles contienen el fitoquímico capsicina, el cual les proporciona el sabor picante y también combate el cáncer. Aunque por lo general se comen únicamente en pequeñas cantidades son ricos en nutrientes conteniendo vitaminas A, C y E así como ácido fólico y potasio.

dátiles: ocasionalmente disponibles frescos a finales del verano y principios del otoño, los dátiles se encuentran más comúnmente en estado seco cuando su alto contenido de azúcar aumenta notablemente. También proporcionan hierro y proteína.

duraznos: Mientras su piel aterciopelada por lo general no se come, la pulpa amarilla o blanca de los duraznos contiene las vitaminas A y C. Los duraznos se pueden encontrar con hueso abridero o pavía y se consiguen frescos, secos, congelados o enlatados.

ejotes verdes: Proporcionan vitaminas A y C, también protegen la salud visual debido a su contenido de luteína.

endibia belga (achicoria/witloof): Un miembro de la familia de la achicoria, la endibia belga es blanqueada (cultivada en la oscuridad) para evitar que se haga verde. Contiene fitoquímicos dependiendo del color de sus puntas, ya sean moradas o verdes.

eneldo: las hojas finas y emplumadas de esta hierba tienen un distintivo sabor aromático. El eneldo se usa en pastas sazonadas, verduras horneadas y, por supuesto, para hacer pepinillos.

espárragos: Esta verdura es una de las mejores fuentes de folato, un tipo de vitamina B que ayuda a combatir las enfermedades del corazón. También es rico en fitoquímicos especialmente del flavonoide rutin además de ser huésped de vitaminas y minerales.

espinaca: Con un alto contenido de múltiples nutrientes, desde vitaminas A, C y K hasta folato y potasio, la espinaca también es una de las mejores fuentes de luteína, el carotinoide que evita la degeneración macular.

frambuesas: Las frambuesas rojas tienen más fibra que la mayoría de las frutas; también tienen un alto contenido de vitamina C y folato y son extremadamente altas en antioxidantes que combaten el cáncer. Las frambuesas doradas son menos comunes pero contienen bioflavonoides que ayudan a la salud visual y del corazón. Aunque las frambuesas frescas son frágiles, las frambuesas congeladas sin edulcorantes retienen su sabor y se pueden encontrar durante todo el año.

fresas: Ricas en contenido antioxidante en parte debido a sus pigmentos de antocianina, las fresas también tienen un altísimo contenido de vitamina C. Debido a estos compuestos, así como a sus ácidos fenólicos, estas moras se consideran muy importantes para combatir el cáncer.

frijoles cannellini: Estos frijoles arriñonados de color sepia usados en la cocina italiana tienen una textura amantequillada y un sabor delicado. Se pueden sustituir por frijoles Great Northern.

frijoles flor de mayo: Con forma arriñonada, los frijoles milperos de color rojo son carnosos y tienen un sabor más firme que los frijoles milperos blancos (frijoles cannellini).

frijoles negros: También llamados frijoles tortuga, estos frijoles tienen un sabor fuerte y son populares en la cocina mexicana. Al igual que todos los frijoles secos, los frijoles negros contienen proteína, hierro, calcio y fósforo y tienen un alto contenido de fibra.

garbanzo: Estas leguminosas secas y arrugadas son carnosas y tienen un sabor sustancioso cuando se cocinan. Son muy populares en sopas y purés y son la base del humus, la salsa de remojo del Medio Oriente.

granada roja: Las semillas carnosas de esta

fruta tienen un alto contenido de vitamina C, potasio y antocianinas saludables para el corazón. Esta fruta está en temporada durante los meses del otoño mientras que el jugo de granada roja se puede encontrar durante todo el año en las tiendas de alimentos naturales y algunos otros mercados.

grosellas negras secas: Las grosellas negras secas son en realidad uvas Zante secas. Aunque más pequeñas que las uvas pasas tienen casi los mismos nutrientes.

higos: Ya sea frescos (en verano y principios del otoño) o secos, los higos proporcionan fósforo, calcio y hierro.

hoja de laurel: Hojas largas de color verde grisáceo usadas para sazonar salsas, sopas guisados y asados, impartiendo un sabor ligeramente dulce, cítrico, a nuez. Las hojas de laurel por lo general se venden secas y se deben retirar del plato antes de servirlo ya que son correosas y pueden tener orillas filosas.

kiwis: Con un altísimo contenido de vitamina C (dos kiwis contienen el 240% del Valor Diario, casi el doble de lo que tiene una naranja), estas frutas también tienen un alto contenido de folato y potasio.

jamón serrano: El jamón es una parte maciza de la pierna posterior del puerco que ha sido curada o preservada y sazonada a menudo ahumándola. El curado se lleva a cabo por diferentes métodos dependiendo del tipo de jamón. Los jamones europeos tradicionales como el prosciutto italiano y el serrano español se curan en seco en sal y se secan al aire libre.

jícama: Técnicamente una legumbre, la jícama crujiente y anuezada se puede comer cruda o cocida. Proporciona vitamina C y potasio.

jitomates: Los jitomates no sólo tienen un alto contenido de vitamina C sino que también tienen un alto contenido de otras vitaminas y minerales. Los jitomates también contienen licopeno, el cual disminuye el riesgo del cáncer. El cuerpo absorbe este antioxidante mejor cuando los jitomates están cocidos, convirtiendo la salsa de jitomate y la pasta de jitomate en un alimento especialmente saludable.

kumquat o naranja china: Estas diminutas frutas cítricas ovales de color naranja son como naranjas invertidas; su piel es dulce y su pulpa es amarga. A menudo cristalizadas o usadas en rebanadas como un toque o un adorno, tienen un alto contenido de vitaminas A y C y de potasio.

lechugas: Los diferentes tipos de lechuga se pueden dividir en cuatro grupos principales: amantequilladas, crujientes, de hoja y orejona (cos). La mayoría de las lechugas tienen un alto contenido de vitaminas A y C; también proporcionan calcio y hierro. Entre más oscuro sea el color verde de una lechuga tendrá un nivel más alto de fitoquímicos benéficos los cuales incluyen luteína, el protector visual.

lentejas: Con alto contenido de proteína al igual que los frijoles, las lentejas vienen en una gran variedad de colores. También proporcionan hierro, fósforo, calcio y vitaminas A y B.

limas: con un alto contenido de vitamina C al igual que todas las frutas cítricas, el jugo de lima también contiene luteína, que ayuda a la salud visual. La lima persa se puede encontrar fácilmente mientras que la lima Key verde amarillenta, por lo general, sólo se puede encontrar fresca en Florida y algunos mercados especializados en productos agrícolas. El jugo se vende embotellado.

limones: Con alto contenido de vitamina C, los limones aumentan el sabor de los alimentos; agregue jugo de limón a frutas crudas y cocidas y úselo para sustituir la sal de mesa para las verduras y pescado.

maíz: El maíz es rico en vitaminas, minerales, proteína y fibra. El maíz amarillo obtiene su color de los carotenoides que no sólo combaten las enfermedades del corazón y el cáncer sino también combaten la degeneración macular.

manzanas: La parte más nutritiva de la manzana es su piel la cual contiene el flavonoide quercetina, un antioxidante que combate los virus y alergias y se considera un anticarcinógeno. La pulpa de la manzana es una importante fuente de pectina, una fibra que disminuye el colesterol.

melones: Con un mayor contenido de nutrientes saludables que cualquier otro tipo de melón, el melón cantaloupe también es rico en vitaminas A y C y en potasio. Es saludable para el corazón y ayuda a disminuir el riesgo de cáncer gracias a su contenido de betacaroteno. También hay una gran variedad de otros melones de pulpa anaranjada. Los melones honeydew de pulpa verde y los melones persas también contienen fitoquímicos que combaten el cáncer.

menta: Una hierba refrescante disponible en muchas variedades siendo la menta verde la más común. Se usa fresca para sazonar una amplia variedad de preparaciones sazonadas, incluyendo el cordero de primavera, pollo y verduras, o para adornar postres.

mijo: Estos granos esféricos de color amarillo claro y sabor suave se cocinan en líquido y se esponjan considerablemente para convertirse en una guarnición o un cereal popular para el desayuno del sur de Europa, norte de África y Asia.

moras azules: Estas moras nativas de Norteamérica también tienen un alto contenido de antioxidantes y compuestos anti-inflamatorios que se consideran "alimento para el cerebro". Contienen una amplia gama de antocianinas, las cuales se cree que ayudan a combatir el cáncer y sirven para combatir el envejecimiento. Las moras azules se pueden encontrar frescas, secas y congeladas.

moras de junípero: Estas atractivas moras de color negro azulado, del tamaño de chícharos miniatura, se cultivan del arbusto perenne del junípero. Se agregan a marinadas usadas para sazonar carnes de sabor fuerte como el conejo, cordero y venado. Su uso más conocido es para sazonar la ginebra.

naranjas: Famosas por su alto contenido de vitamina C, las naranjas también tienen un alto contenido de folato y potasio. También proporcionan limonoides y flavonoides, dos antioxidantes que combaten las enfermedades.

nectarinas: Un pariente del durazno, las nectarinas tienen la ventaja de tener una piel comestible que contiene muchos de sus fitoquímicos. Las nectarinas amarillas contienen betacaroteno mientras que las de piel rosada y pulpa blanca tiene su propio grupo de compuestos benéficos.

nueces: Con un alto contenido de fibra, las nueces también contienen folato, riboflavina y magnesio. Tienen un alto contenido de ácidos grasos omega-3 benéficos y vitamina E, un antioxidante que protege las células del cerebro, promueve la salud del corazón y desminuye el colesterol LDL (Lipoproteína de Baja Densidad) dañino.

papas: Entre más fuerte sea el color de su pigmento una papa contendrá más fitoquímicos saludables, pero todas las papas son extremadamente ricas en vitaminas y minerales si se comen con su piel; también tienen un alto contenido de fibra. Asegúrese de comprar papas orgánicas; las cultivadas comercialmente contienen altos niveles de pesticidas.

pepinos: Un miembro de la familia de las calabazas, el pepino que se encuentra más comúnmente es el que se vende con una cubierta encerada que se debe quitar, retirando así los fitoquímicos benéficos de su piel. La piel delgada y sin encerar del pepino inglés (de invernadero), se puede comer al igual que la del pepino armenio parecido al pepino inglés pero más pequeño.

peras: Los pigmentos benéficos de las peras están concentrados en su piel. Como la piel es bastante delgada (excepto en las variedades de piel oscura) se pueden comer sin pelar, ya sean crudas o cocidas. La pulpa contiene vitamina A, así como un poco de fósforo.

pérsimos: Tanto el Fuyu, pequeño y rechoncho que se come cuando está duro y crujiente, como el Hachiya, más grande y ligeramente puntiagudo el cual se come cuando está totalmente maduro, tienen un alto contenido de betacaroteno y vitamina C.

pimientos (capsicums): Todos los pimientos tienen un alto contenido de fitoquímicos que combaten el cáncer; los diferentes compuestos que les proporcionan sus diferentes colores también promueven la salud visual (verdes, amarillos, anaranjados y rojos); los antioxidantes de los pimientos morados ayudan a la memoria y promueven el envejecimiento sano. Los pimientos rojos tienen un alto contenido de vitamina C.

piña: La pulpa dulce y jugosa de la piña proporciona manganeso, vitaminas A y C y bromelaína, una enzima anti-inflamatoria que también es un auxiliar de la digestión.

piñones: Los delicados y amantequillados piñones contienen hierro y tiamina. Son uno de los adornos preferidos para ensaladas y alimentos cocidos.

plátanos: Las plátanos tienen un contenido de potasio especialmente alto, el cual equilibra el sodio y ayuda a regular la presión sanguínea además de que puede reducir la formación de placa arterial. El potasio también ayuda a prevenir los infartos del corazón al reducir la actividad plaquetal y reduce los trombos de sangre. Los plátanos también tienen un alto contenido de vitaminas C y B6 y contienen un tipo de fibra capaz de proteger contra el cáncer de colon.

polenta (cornmeal): Aunque la polenta se puede hacer de otros granos secos o maíz blanco, por lo general es harina de maíz amarillo molida gruesa o finamente. Únicamente la harina de maíz molida en molino de piedra es de grano entero; almacénela en un recipiente hermético en el refrigerador.

poros: Por ser miembros de la familia de la cebolla, los poros contienen compuestos de organosulfuros que se cree que combaten el cáncer y las enfermedades del corazón. También ayudan a mejorar la proporción del colesterol bueno y malo del cuerpo.

queso azul: Estos quesos son vacunados con las esporas de bacterias especiales para desarrollar una fina red de venas azules que proporcionan un sabor fuerte e intenso a pimienta y una textura desmoronable. La mayoría de los quesos azules se pueden desmenuzar, cortar en dados, untar o rebanar. Sin embargo, dependiendo del contenido de humedad de los quesos algunos conservan mejor su forma cuando se rebanan que otros.

queso feta: Quesos jóvenes tradicionalmente hechos de leche de oveja y usados en la cocina griega. Es conocido por su textura desmoronable; algunas versiones también son cremosas. La salinidad del queso feta se resalta con la salmuera en la que el queso se conserva. El queso feta también se produce de leche de vaca o cabra. También existe feta bajo en grasa.

quinua: Un grano inca antiguo, la quinua tiene un mayor contenido de proteína que cualquier otro grano y su proteína es completa. También es rica en nutrientes y grasa insaturada.

rábanos: Estas raíces apimentadas pertenecen a la familia de la mostaza y vienen en diferentes colores. Contienen vitamina C y antioxidantes que combaten el cáncer.

radicha: Un miembro de hoja roja de la familia de la achicoria, la radicha viene en la variedad Verona de hojas sueltas y en la Treviso que es más redonda. Ambas variedades tienen un sabor amargo y fuerte y ambas proporcionan antioxidantes benéficos como las antocianinas y el licopeno. La radicha se puede comer cruda, asada, horneada o salteada.

romero: Usado fresco o seco, esta hierba del Mediterráneo tiene un sabor fuerte y aromático recomendado para carnes, pollo, pescados, mariscos y verduras. Es un complemento particularmente bueno para el pollo y cordero asado.

ruibarbo: Estos tallos ácidos de color rojo son uno de los primeros signos de la primavera cuando aparecen en el mercado. Con un alto contenido de vitamina A y fitoquímicos benéficos, el ruibarbo ayuda a proteger el corazón, fomenta la inmunidad y disminuye el riesgo de algunos tipos de cáncer.

sandía: A pesar de su alto contenido de agua, este melón proporciona vitaminas A y C, además de las antocianinas que le proporcionan su color.

semillas de ajonjolí: Planas y diminutas, las semillas de ajonjolí vienen en diferentes colores pero las más comunes son las de color sepia claro. Son ricas en manganeso, cobre y calcio y también contiene linaza que disminuye el colesterol. Debido a su alto contenido de aceite deben mantenerse refrigeradas. Al tostarlas brevemente en una sartén seca se resalta su sabor.

semillas de calabaza (pepitas): Con un alto contenido en fibra, proteína y diferentes minerales, las pepitas también contienen betasisterol, el cual disminuye el colesterol y retarda el crecimiento de células anormales. Limpie y tueste sus propias semillas o cómprelas en las tiendas de alimentos naturales o mercados latinos.

semillas de hinojo: La semilla del hinojo común tiene un sabor parecido al orozuz y se puede usar molida o entera en platillos sazonados como la bouillabaisse, encurtidos, guisados y asados de carne de puerco. También se usa en algunos tipos de pan y postres así como para dar sabor a algunos licores.

sémola de trigo: al igual que otros granos enteros, la sémola de trigo es rica en selenio, un antioxidante que se cree que combate el cáncer. Los granos de sémola de trigo han sido cocidos al vapor, secados y presionados y vienen en diferentes moliendas.

tomatillos: Algunas veces llamados tomates verdes mexicanos, los tomatillos son más firmes y menos jugosos que los jitomates y crecen dentro de una piel apapelada de color verde claro hasta que se maduran. Se usan tanto crudos como cocidos y son un ingrediente agridulce esencial en muchas salsas mexicanas verdes. Busque tomatillos frescos o en lata en los supermercados bien surtidos o en tiendas de abarrotes latinos.

toronja: La mitad de una toronja proporciona el 70% del Valor Diario de vitamina C. Las toronjas rosas o rojas también tienen un alto contenido de vitamina A. Tanto las toronjas amarillas como las rosadas contienen flavonoides que ayudan a combatir el cáncer, mientras que las últimas también contienen licopeno, el cual aumenta dicha actividad.

trigo entero (integral): El salvado en el trigo entero contiene selenio y otros minerales así como vitamina E. El trigo entero también es una buena fuente de fibra, la cual se cree que ayuda a disminuir el riesgo de infartos y enfermedades del corazón. Al igual que todos los granos enteros, todas las presentaciones de trigo entero, desde el germen hasta la harina de trigo, se deben almacenar en el refrigerador.

uvas: La uva Concord de color morado oscuro, que por lo general se convierte en jugo de uva, tiene un contenido excepcionalmente alto de antioxidantes, convirtiendo al jugo de uva en un alimento importante para la salud del corazón. Las uvas rojas de mesa también promueven la salud del corazón y la inmunidad

y las uvas verdes pueden ayudar a disminuir el riesgo de cáncer y promueven la salud visual.

uvas pasas: ricas en antioxidantes, las uvas pasas también tienen un alto contenido de vitaminas, minerales y fibra. Tanto las uvas pasas oscuras como las doradas (sultanas) empiezan siendo uvas verdes, pero las uvas pasas doradas son tratadas con dióxido de azufre para evitar su oxidación.

vinagre: Hay muchos tipos de vinagre, hechos de diferentes vinos tintos o blancos o, como el vinagre de sidra y vinagre de arroz, hechos de fruta y granos. Los vinagres se pueden sazonar aún más si se infunden con hierbas y frutas frescas, ajo u otros ingredientes sabrosos. Todos ellos ofrecen una forma saludable y reducida en grasa para sazonar una gran variedad de alimentos.

vino: Los colores de los vinos rojos y rosados se deben a las pieles de las uvas moradas que se usan para hacer los vinos; el vino tinto tiene más flavonoides benéficos que el jugo de uva. Estos fitoquímicos han demostrado que ayudan a elevar el colesterol HDL (Lipoproteína de Alta Densidad) "bueno".

yogurt: el cultivo bacterial del yogurt es preciado como un auxiliar de la digestión. Al igual que la leche de la cual se hace, el yogurt puede ser entero, bajo en grasa o descremado.

zanahorias: Una zanahoria proporciona un enorme 330% del Valor Diario de vitamina A, la cual es la razón de su fama como protectora de la salud visual. Las zanahorias también tienen un alto contenido de fibra y de bioflavonoides y carotenoides que disminuyen el riesgo de algunos tipos de cáncer, protegen el corazón y fortalecen la inmunidad. Las zanahorias moradas y de color marrón son sustitutos coloridos para las zanahorias comunes de color anaranjado, las cuales ofrecen diferentes beneficios fitoquímicos; estos colores de zanahoria actualmente se encuentran con más facilidad.

Bibliografía

Las referencias que mostramos a continuación se usaron en la creación de este libro y se recomienda hacer uso de ellas para obtener más información en el tema de los coloridos alimentos vegetales.

LIBROS

Gollman, Barbara, and Kim Pierce. *The Phytopia Cookbook.* Dallas, Tex.: Phytopia, Inc., 1998.

Green, Eliza. *Field Guide to Produce.* Philadephia: Quirk Books, 2004.

Heber, David, M.D., Ph.D. *What Color Is Your Diet?* Nueva York: Harper Collins, 2001.

Hess, Mary Abbott, L.H.D., M.S., R.D., F.A.D.A; Dana Jacobi; and Marie Simmons. *Williams-Sonoma Essentials of Healthful Cooking.* Menlo Park, Calif.: Oxmoor House, 2003.

Joseph, James A., Ph.D.; Daniel A. Nadeau, M.D.; and Anne Underwood. *The Color Code.* Nueva York: Hyperion, 2002.

Pivonka, Elizabeth, R.D., Ph.D., and Barbara Berry, M.S., R.D. *5 a Day: The Better Health Cookbook.* Nueva York: Rodale, 2002.

Tantillo, Tony, and Sam Gugino. *Eat Fresh, Stay Healthy.* Nueva York: Macmillan General Reference, 1997.

PÁGINAS WEB

Centers for Disease Control:
http://www.cdc.gov

National Cancer Institute:
http://www.nci.nih.gov

Produce for Better Health Foundation:
http://www.5aday.org

United States Department of Agriculture:
http://www.usda.gov

University of California, Berkeley,
School of Public Health Wellness Letter:
http://www.wellnessletter.com

índice

DEGUSTIS

ES UN SELLO EDITORIAL DE **ADVANCED MARKETING, S. DE R.L. DE C.V.** CALZADA SAN FRANCISCO CUAUTLALPAN NO. 102 BODEGA "D", COL. CUAUTLALPAN, NAUCALPAN DE JUÁREZ EDO. DE MÉXICO, C.P. 53569, MÉXICO.

WILLIAMS-SONOMA

Fundador y Vice- Presidente: Chuck Williams

WELDON OWEN INC.

Presidente Ejecutivo John Owen

Presidente y Jefe de Operaciones Terry Newell

Jefe de Operaciones Administrativas Christine E. Munson

Vicepresidente, Ventas Internacionales Stuart Laurence

Director de Creatividad Gaye Allen

Publicista Hannah Rahill

Editor Asociado Sarah Putman Clegg

Editor Emily Miller

Editor Asistente Juli Vendzules

Director de Fotografía y Diseñador Marisa Kwek

Director de Producción Chris Hemesath

Director de Color Teri Bell

Producción y Coordinador de Reimpresión Todd Rechner

ENTRADAS DE LA COLLECCIÓN LA NUEVA COCINA SALUDABLE DE WILLIAMS-SONOMA

Concebido y producido por Weldon Owen Inc.
814 Montgomery Street, San Francisco, CA 94133
Teléfono: 415 291 0100 Fax:415 291 8841
En colaboración con Williams-Sonoma Inc.
3250 Van Ness Avenue, San Francisco, CA 94109

UNA PRODUCCIÓN DE WELDON OWEN

Derechos de autor © 2006 por Weldon Owen Inc. y Williams-Sonoma Inc.

Derechos registrados © 2006 para la versión en español:

Advanced Marketing, S. de R.L. de C.V. Calzada San Francisco Cuautlalpan No. 102 Bodega "D", Col. Cuautlalpan, Naucalpan de Juárez, Edo. de México, C.P. 53569, México.

Derechos reservados, incluyendo el derecho de reproducción total o parcial en cualquier forma.

Presentado Vectora.
Separaciones a color por Mission Productions Limited.
Impreso y encuadernado en Hong Kong por Midas Printing.

Primera impresión en español 2006.

10 9 8 7 6 5 4 3 2 1

ISBN: 970-718-348-9

CRÉDITOS

Weldon Owen agradece a las siguientes personas por su generosa ayuda en la producción de este libro: Carolyn Miller, Editor de Copias; Judith Dunhman, Editor Consultor; Dresne Ahlers y Carrie Bradley, Corrección de Estilo; Ken Della Penta, Índice; Adrienne Aquino; Shadin Saah; Carol Hacker; Jackie Mills; Marianne Mitten; y Richard Yu.

Fotografía Dan Goldberg

Asistente de Fotografía Julie Caine

Estilista de Alimentos Jen Straus

Asistente de Estilista de Alimentos Max La Rivière-Hedrick

Fotografía Ben Dearnley

Estilista de Alimentos y Props Julz Beresford

Asistente de Estilista de Alimentos Jess Sly

Las fotografías de las siguientes páginas fueron tomadas por este equipo de fotografía: 8-9; 18 superior izquierda, superior derecha, inferior derecha;22; 25; 28; 29 inferior; 31; 32; 36; 39; 43; 44; 46; 47; 49; 50; 53; 54; 57; 58; 61; 62; 64; 65; 67; 68; 70 superior izquierda, superior derecha; 74; 77; 80; 81 superior; 87; 88; 91; 92; 95; 96; 98;99 superior; 102; 105; 106 inferior izquierda; inferior derecha; 113; 114; 117 superior; 119; 120; 123.

Las fotografías de las siguientes páginas : fueron tomadas por este equipo de fotografía: 18 inferior izquierda; 21; 26; 29 superior; 35; 40; 70 inferior izquierda, inferior derecha; 73; 78; 81 inferior; 83; 84; 99 inferior; 101; 106 superior izquierda, superior derecha;

UNA NOTA SOBRE PESOS Y MEDIDAS

Todas las recetas incluyen medidas acostumbradas en Estados Unidos y medidas del sistema métrico. Las conversiones métricas se basan en normas desarrolladas para estos libros y han sido aproximadas. El peso real puede variar.